詩夢

複合象徵詩專門雜誌

중국 조선족복합상징시동인회

중국 조선족복합상징시동인회 조직구성

명예회장: 방산옥
회　　장: 김현순
부 회 장: 남송화
재무국장: 배소윤
사무국장: 로명숙

詩夢잡지사 편집진영

명예주간: 방산옥
운　　영: 김광선
주　　간: 김현순
편 집 장: 남송화
편집위원: 윤육자, 배련희, 로명숙, 배소윤
디자이너: 배소윤

주소:
中国吉林省延吉市建工街开发区水晶嘉园 4-3-602
전화: (86) 0433-832-1123 (편집)
　　　(86) 186-0433-1682 (주간)
E-Mail: smong68@163.com
우편번호: 133000
Coffe: https://cafe.naver.com/smong68

詩夢

創刊辭

象徵으로 열려 있는 複合의 세상, 그 속을 넘나들며 靈魂의 정화가 映像으로 살아 숨 쉴 때 그것에 忠直하며, 마음의 구심점이 되어 自我修練의 길을 터득하고, 열심히 부름 따라 나아가는, 象徵의 하늘에 太陽은 빛나라.

오로라의 엷은 빛 두터워질 때, 宇宙 너머 멀리에 반뜩이는 빛살 따라 천갈래 만갈래 소리 찢어 움켜쥐고, 미친듯 홀린 듯 飛翔하는 눈동자에 사랑은 넘쳐라.

詩를 쓴다는 것은 肉眼이 쓰는 것도 아니요, 心臟이 쓰는 것도 아니며 靈魂의 소리를 그림으로 펼쳐 보이는 것이리라.

肉體에 붙어 그림자와 사랑하며 宇宙 너머 저 멀리에 존재하는 靈魂의 境地는 무한하여라. 천만 생명에게 평등하게 존재하는 靈魂의 境地는 빛깔과 소리와 電流가 다르겠지만, 그것들의 황홀함은 말로 다 표현할 수 없으리.

新詩革命의 앞장에서 달리는 複合象徵詩 同仁들의 修練場인 ≪詩夢≫雜誌를 創刊하며 詩夢의 세계를 열어 세상에 진솔한 靈魂들의 반짝임을 꽃피우리.

中國 朝鮮族象徵詩同仁會 會長
≪詩夢≫雜誌社 主幹
김현순 金賢舜

2019년 11월 11일

차 례

複合象徵詩 약론(略論)

□ 김현순

1. 들어가는 말

인류는 부단히 새로운 것에로의 자극을 추구해왔다. 複合象徵詩가 시문학 영역에 새로운 돌풍을 불러일으키리라고는 예상치 않는다. 다만 세상의 복합구조 속에서 인류는 그것에 마비되어 있으면서도 그것을 자각하지 못하는 경우가 있기에, 더욱이 시문학에서의 새로운 표현기법을 동반한 기존갈래의 새로운 설법을 제기하고 그에 의한 분류법에 따르는 유파 형성을 이룩하여 인간심성의 존재의미를 부여하고자 한 데 그 목적이 있다.

2. 인간심성의 은닉(隱匿)과 표현 및 상징의 본성

원시사회 인류의 원초적인 직설행위와는 달리 문명이 개입됨과 더불어 인류는 僞裝術을 익히기 시작하였다. 이러한 僞裝術은 삶을 영위하는 지혜가 되기도 하였다. 인간교제의 현장에서 자신의 心性을 속이고 아닌 보살 하는 식으로 가면을 쓰고 자신의 위상을 높이기 위하여 무진 애를 쓰는 삶의 방식은 지금까지 이어지고 있으며 날로 고차원으로 치달아 오르면서 그 樣相도 여러 가지이다.

자신의 이해관계를 위해서는 확실히 가면이 필요한 세상이다. 표정관리를 포함하여 一擧手一投足에 대한 包裝 여부는 타인에게 그 사람의 위상을 수립하는 데 자못 중대한 의의를 가진다.

쉽게 자신의 감정을 드러내고 생각나는 대로 말하고 행동하는 사람을 흔히 경박하고 경솔하며 가볍고 신중하지 못하다고 한다. 반면에 내심을 쉽게 드러내지 않고 말수 무겁고 행동이 침착한 사람을 우리는 궁량이 깊고 신중한 사람이라고 엄지를 빼들게 된다.

하여 인간은 자신을 감추고 위장하기에 시시각각 애쓰게 된다.

공부를 조금이라도 더 하는 것도 돈을 조금이라도 더 버는 것도 자신의 위상을 높이기 위한 전제로 되는 경우가 많다.

크든 작든 인류는 자신의 존재를 세상에 나타내려고 한다. 그 존재는 우아하고 멋스럽고 센스 있고 매너 넘칠수록 좋다. 그렇게 하기 위하여 인류는 더욱 僞裝術을 사랑하고 교묘하게 자신을 장식하려고 애쓴다.

이것이 인간의 본성이다.

인간은 자신의 경박함을 쉽게 드러내 보이지 않기 위하여 자신을 僞裝하여 표현한다. 그러기 위해서는 그에 걸맞은 기법이 필요하다. 그것이 무엇인가. 바로 상징이다.

상징이란 자신이 말하려는 뜻을 타자를 통해 에둘러 보

여주거나 굴절, 변형시켜 보여줌으로써 예기했던 목적에 달성하는 것이다.

가장 간단한 사례를 들어 보기로 하자.

말하려는 원뜻:

나는 네가 좋다. 너하고 살고 싶다

상징의 표현:

너의 피부는 어쩌면 탄성도 그리 좋니. 그리고 너의 목소리는 왜 그리 감미롭니. 너하고 사는 사람은 얼마나 행복하겠니.

아래 좀 더 차원 높은 사례를 들어 보기로 하자.

실연당했을 때:

나는 기분이 엉망이다

상징의 표현:

마구 구겨진 걸레조각처럼 나는 처박혀 있다. 찢긴 마음 너덜너덜한 깃발처럼 정처 없이 나부낀다

위 사례와 같이 상징의 표현은 보다 지적이고 신사적인 모습을 동반하고 있다.

인류는 누구든 자신이 현실보다 더 나은 쪽으로 되길 원하며 살고 있다. 그것이 꿈이고 이상이고 포부가 된다. 그러기 위해서는 부단히 자신에 대한 충전을 필요로 하고 각고의 노력을 기울이게 된다.

이러한 삶의 방식은 필연코 상징의 지혜를 필수로 하기 때문에 언어를 통한 예술의 한 형태인 문학은 더욱이 그 절박성을 필수로 하게 되는 것이다. 그러므로 문학은 상징의 예술이라고 말하게 되는 것이다.

시의 경우, 상징은 기본 명맥으로 되며 그 표현의 핵심으로 된다.

인간의 감정, 즉 서정은 인간 영혼의 가르침에 따른 마음의 산물이다. 그것의 적나라한 노출은 위에서도 말했듯이 위상의 低下를 초래하므로 감정, 즉 서정의 직설은 시에서는 금물이라고 말할 수 있다.

중국 남북조시대 文學聖書 ≪文心彫龍≫에서도 류협(劉勰)은 인간의 감정(사상)을 골수같이 하라고 했다. 골수가 피부 밖으로 드러나면 어찌될 것인가.

필자는 인간의 감정, 서정은 피부 아래 혈관에 흐르는 피와 같다고 말한다. 피는 평소엔 體外로 드러나 흐르지 않는다. 하지만 일단 칼에 베였거나 뾰족한 물건에 찔려 피부가 파열되었을 때 피는 비로소 體外에 흐른다. 그러나 흐르는 피를 그대로 놔두는 사람은 없다. 제꺽 피가 흐르지 못하게 피부를 봉합하는 등 조치를 취하게 된다.

시 창작에서의 이치도 마찬가지이다. 감정, 서정의 노출 즉 직설은 적시적으로 자제하고 마음심처에서 소용돌이치고 흐르게 하여야 한다. 이것을 우리는 내재적 흐름이라고 한다.

감정, 서정의 내재적 흐름을 화자가 그냥 가슴속에 묵새기지만 말고 타인에게 보여주려고 하는 것 역시 인간의 본성이다. 이것이 위에서 말한 인간 자아존재 표현의 욕구이다.

인간은 자아존재의 표현을 상징을 통하여 펼쳐보이는 멋스러움을 뽐내려고 하는데 그러한 상징적 행위는 이미지를 통하여서만 실천 가능이 이룩될 수 있는 것이다. 그 이미지란 타인이 바로 빤히 들여다보지 않게끔 에두름 내지, 굴절, 변형을 통하여 能動的可視化로 펼쳐보이는 것이다. 그 상징의 오묘함이 깊을수록 화자의 가면은 더욱 두꺼워지게 되며 세상은 그것에 대한 이해와 습득에 골몰하게 된다. 그리하여 이미지 속에는 상징이 깃들어 있으며 상징 속에는 이미지가 숨어 있다는 說法이 서게 되는 것이다.

이러한 특징들이 시문학으로 하여금 상징으로 더욱 빛발

치게 추동하여 오늘날의 현시점까지 이르게 된 것이다.

3. 複合象徵의 정립

지구를 기점으로 하여 무한히 뻗어가는 우주 천체를 포함하여 미세먼지와 같은 작은 입자에 이르기까지 세상이 하나의 구조물로 형성된 것이 아니라 복합결구로 되어 있다는 점은 다시 거론할 필요가 없을 정도로 지극히 상식적인 문제이다.

들뢰즈와 가타리의 ≪천개의 고원≫에서 수목의 이분법을 표상으로 제기되는 리좀의 철학은 세상만사의 복합구조 이치를 충분히 유력하게 제시해주고 있다.

인간의 감정도 크게는 喜, 怒, 哀, 樂, 愛, 汚, 慾 등 면으로 표현되며 작게는 수십 가지 경우에 이르게 된다. 따라서 그에 따르는 표현도 수백, 수천 가지에 달하게 될 수도 있다. 이러한 표현이 상징의 옷을 입을 때 화자의 입지는 體面揚立의 위상을 지키게 된다.

이런 複合象徵의 결구가 한 인간의 심적 경지를 타자에게 펼쳐보이게 함으로써 그 인간의 세계와 존재의 가치를 부여하게 만드는 것이다.

複合象徵의 이치에 따른 시 창작은 이리하여 예술의 한 개 형태로 지목받게 되는 것이다.

그럼 複合象徵詩란 구경 어떤 것인가? 말 그대로 복합적 상징들의 조합이 이루어낸 정체성을 띤 심상의 그룹이라고 말할 수 있다.

매 하나의 상징들은 정체성을 위하여 봉사하는 독립적인 이미지군(이미지덩어리)이며 그것들은 또 변형된 상태의 可視化된 能動的인 것이어야 한다.

그 이유를 밝혀보기로 한다.

인간의 의식형태는 복잡다단하다. 인간의 의식은 영혼에

서 비롯된다고 靈魂說에서는 정의를 내리고 있다.

인간의 영혼은 무질서한 환각으로 충만되어 있다. 환각의 세계는 인간의 의지로 좌우되는 것이 아니다. 인간은 환각의 무질서한 흐름 속에서 환상과 상상을 동반하여 새로운 질서를 찾아, 이미지로 세상에 펼쳐보인다.

무질서한 환각의 흐름 속에서 찾아내는 질서는 사람마다 다르게 된다. 서로 생김새가 다르고 指紋이 다른 것처럼.

또 그런 질서에 걸맞은 이미지들로 이루어낸 그 사람의 영혼의 경지도 사람마다 다르다. 서로 각이한 영혼의 경지는 각이한 이미지를 펼쳐보이게 되는데 이 이미지들은 반드시 변형된 이미지여야 한다는 것이다.

인간의 환각은 그 자체부터가 변형되어 있는 것이다. 우리가 변형되어 있다고 보는 것은 현실세계의 도식화된 관념의 입지를 기준물로 하였을 때 내려지는 정의이다. 어찌 보면 환각의 상태는 변형되어 존재하는 것이 아니라 워낙 원초적인 상태 그 자체인지도 모른다. 인간은 그것들을 공감대의 수요에 의하여 변형시켜 표현하였고 그것에 습관되어 변형된 그 자체를 원상태로 하고 착각하고 있는 것인지도 모른다. 그리하여 인간은 늘 현실 초탈의 욕구를 가지게 되고 환상과 상상에 집념하게 되는 것이다.

도식화된 현실세계의 따분함은 인간으로 하여금 상상과 환상의 나래를 맘껏 펼치게 한다. 그리하여 현실세계에 대한 개조와 변형을 시도하고 가상세계에 대한 구축에 힘쓰게 한다. 현실 초탈의식은 인간들로 하여금 변형된 심상을 추구하고 거기에서 자극과 흥분점을 찾아 삶을 풍요롭게 하고 있는 것이다.

이러한 변형은 기실 누구나에게 다다소소 존재하는 환각세계에 散在하여 있음을 우리는 미처 깨닫지 못하는 경우도 있다. 굳이 의식적인 변형을 시도할 필요조차 없이, 환각의 흐름 그 자체를 직접 그대로 받아 적어도 현실의 眼光으로는 이미 변형되어 있는 것이 아닐까.

환각세계가 他者에게 신선한 자극적 흥분을 안겨주려면 추상적인 직설이 아닌 可視化 작업을 거쳐야 하는데, 이 작업과정은 에두름, 굴절을 동반한 변형을 수요로 한다.

이제 우리는 자신의 경지에 걸맞은 환각의 흐름 속에서 질서를 잡아나가는 지혜가 필요할 뿐이다.

複合象徵詩 창작에서 起點이 잘못되는 경우도 가끔 있다. 먼저 자신이 고안해낸 질서에 걸맞은 사상과 상관물을 잡아놓고 환각상태에 진입하려는 것이다. 이것은 절대 그릇된 사유방식이다. 일단 환각에 들어가면 화자의 의도와는 상관없이 완연 다른 체계로 굴러떨어지는 경우가 거의 절대적이기 때문이다.

인간사유의 법칙에 따르면 먼저 환각상태에 진입한 다음 거기로부터 잠재된 화자의 경지에 걸맞은 상관물과 그 흐름새를 잡은 후, 다시 새로운 질서를 찾아내어 상상과 환상을 통한 能動的可視化 작업을 펼쳐야 한다.

이렇게 하여야 複合象徵詩 창작의 바른 길이라고 할 수 있다.

4. 상징의 표현樣相

무릇 상징은 소리로, 그림으로, 이야기로 펼쳐보이는 형태로 그 樣相을 드러내고 있다.

소리는 음악, 그림은 미술, 이야기는 스토리이다. 이 세 가지 형태의 상징이 시에서 언어로 표현될 때엔 각기 서정의 흐름을 탄 상징, 화폭의 상징, 스토리식 상징으로 그 樣相을 드러낸다.

ㄱ. 서정의 흐름을 탄 상징

서정이 어떤 것인가에 대해서는 위 장절에서 이미 언급

했지만, 서정을 우리는 마음의 旋律이라고 말할 수 있다. 마음의 旋律이란 노래처럼 일정한 리듬을 동반하면서 고저장단의 흐름새를 갖추고 있어야 한다.

인간의 감정흐름은 일정한 기복의 반복을 이룬다. 아름다운 노래의 旋律은 감미로움을 안겨준다. 하지만 조화롭지 못한 旋律은 인간의 心情을 불안하게 만든다.

감미로운 旋律에 걸맞은 내재적 韻律에 따라 시행조직과 서어구사를 하면서 상징의 표현을 이룩하되, 때로는 정서의 파격적 흐름에 따라 시행조직의 변형을 대담히 시도하는 용기도 있어야 한다.

원문 보기:

아픔이 물 먹고 허리 펼 때
하늘의 이마 퍼렇게 멍들어 있었다

시구의 변형 하나:

아픔이
물 먹고 허리 펼 때
하늘의 이마
퍼렇게 멍들어 있었다

시구의 변형 둘:

아픔이 물…
먹고, 허리 펼 때
하늘의 이마, 퍼렇게
멍들어 있었다

그리고 시어구사는 반복적으로 읽어보면서 입에 잘 오르는 조합을 이루어가야 하는데 이 점은 시작시법의 지극히 기초적인 상식이기에 언급하지 않기로 한다.

ㄴ. 화폭의 상징

시어를 통하여 이미지를 완성하는 기법이다. 이러한 이미지는 상관물을 동원한 이미지군들로 이룩되는데 그 이미지군들이 안겨주는 心象과 肉眼으로 보이는 直觀的 시적구도를 보여주는 경우가 있으나 前者의 경우가 많은 비중을 차지함은 의심할 여지가 없다.

가령 물 절약에 대한 선전을 메가폰 들고 거리에 나서 외친다고 하자. 일상에 쫓기는 사람들은 그 소리에 귀 기울이기는커녕 오히려 소음으로, 성가시게 여길 것이다. 하지만 메말라 죽어가는 나무와 폐병 앓는 지구의 사막화된 모습을 그림으로 버스 주차장마다에 붙여놓는다면 얼핏 보고도 사람들은 그 사태의 엄중성을 바로 인식할 수 있을 것이다.

이렇게 그림으로 펼쳐보인 상징은 직설보다 그 효과가 훨씬 뛰어남을 우리는 알고 있다.

화폭의 상징에서 가장 중요한 것은 可視化이다. 이념, 관념 같은 것은 무조건 구체적 상관물을 통한 可視化 처리를 하여야 하며 추상적인 언어들 역시 可視化 처리를 하여야 한다. 可視化 처리는 또 能動的이어야 함을 잊지 말아야 한다.

能動的可視化의 비법은 通感 즉 시각, 청각, 미각, 후각, 촉각 등 오감에 따른 표현을 적절하게 활용하는 것이다.

<u>원문 보기:</u>

바람이 찾아든다

<u>변형된 시구:</u>

쉰내나는 끈적인 바람
옷 벗으며 드러눕는다

위 사례에서는 바람이 잦아드는 자연적인 현상을 감각적 표현으로 보여주었는데, 이러한 표현의 기저에는 화자의 감정인소가 깔려 작동됨을 보아낼 수 있다.

화자의 심목에 '쉰내'나고 '끈적'이게 안겨오며 또 '옷 벗는' 것으로 느껴지는 것은 화자의 當前 정서의 빛이 그런 상태에 처해 있음을 말해준다.

동일한 사물일지라도 화자의 정서에 따라 각이하게 안겨오는 것은 인간심성의 기율이다.

조선창극집 『춘향전』에서 열연에 빠진 이몽룡은 책을 보면 책 속에서 춘향이가 걸어나오고 달을 보면 달이 춘향의 얼굴이 되어 웃는다고 하였으며 프랑스 심리전문학자 프로이드는 섹스를 원하는 여자는 나무의 삐죽 나온 옹이를 봐도 남자의 성기를 상기시킨다고 하였다.

상관물을 화자의 정서에 따른 표현으로 변형시키는 것은 상징의 기본기법이라고 할 수 있다. 첫 장절에서도 언급했듯이 인간은 내심 발로의 직설을 원치 않기 때문에 상관물의 能動的可視化 작업을 통한 상징을 수요로 하는 것이다.

ㄷ. 스토리식 상징

이야기가 이론보다 낫다는 말이 있다. 이야기가 보여주는 경지가 화자의 內心境地를 뜻할 때 그것은 상징으로 대변되는 것이다. 가령 애인과 함께 초겨울 어느 날, 나지막한 주막집에 들어가 混沌 한 사발 놓고 훌훌 불면서 나누어 먹는 장면을 그려냈다면 그것은 아기자기 행복한 삶에 대한 동경을 상징하는 것이다.

<u>보기:</u>

그날의 훈둔(混沌) 한 사발/ 문초

공사장 막일꾼들 때 묻은 옷소매로
입 쓱 문지르고 일어난 자리에
둘이는 비비고 앉았다
벌씬 웃는 사내의 뚱뚱한 배를 보고
여자는 어줍게 웃음 짜냈다
떠들썩한 막벌이꾼들 뜬 이야기
말벌 되어 붕붕 고막 찔러댔지만
마주 보는 눈길엔 보얀 화분
누드 흔들어댔다
핼리혜성 작열하는 섬광
뜨거운 사발에 찰찰 넘칠 때
사내는 숟가락 들어 한술 미소(微笑)
여자의 입가에 갖다 댔다
앗, 뜨거…
와뜰 놀라는 열아홉 순정
이른 봄 추위가 창밖에서 서성임을
사내는 안경 너머로 닦아버렸다
호~ 그래도 맛있네요
어느새 최면사의 하얀 금자탑에
갇혀 버린 둘만의 하루
봄꽃은 우줄우줄 가슴 열며
달아오른 입술 한결 만지고 있었다

스토리식 상징에서는 그냥 이야기의 서술식 묘사에만 그치는 착오를 극복해야 한다. 이야기의 장면마다 변형을 거쳐야 하며 시어구사에서도 能動的可視化 작업의 실천이 충분히 되어야 비로소 상징으로 승화되면서 예술로 거듭날 수 있음을 명기하여야 한다. 그렇지 못할 경우, 그냥 심심한 스토리로밖에 남지 못하게 되는 것이다.

변형을 거치지 못하면 그냥 일상으로밖에 남지 못함은 口號詩와 마찬가지 이치이다. 口號詩는 독자들에게 강력한 선동성과 힘을 실어주게 되며 가슴을 쾅쾅 울려주는 대중문화 성격의 대변성을 띠면서 광범한 독자군을 소유하게 된다. 하지만 이런 것은 변형을 거친 心象의 승화가 되지 못하고 그냥 직설로 그 사명 완료가 되기에 예술적 가치는 크게 떨어지게 되는 것이다.

보기:

삶이 그대를 속일지라도/ 푸시킨

삶이 그대를 속일지라도
서러워 말아 괴로워 말아
아픈 날은 참고 견디라
슬픈 날은 가고 말리니…
(이하 약함)

心象의 변형으로 펼쳐보이는 화자의 경지는 상술한 口號詩처럼 직설적인 스토리의 교대에만 머무른다면 예술로의 승화가 어려우며 상징으로서의 보다 폭넓은 여운을 세상에 던지기 어렵게 된다.

5. 하이퍼시와의 구별로부터 본 複合象徵詩의 특성

20세기 초엽(1924년) 초현실주의자인 프랑스 앙드레 브루통에 의하여 궤도에 올랐던 시혁신운동의 핵은 무의미시였다. 꿈과 잠과 무의식을 인간정신의 자유로운 발로로 간주했던 그 일파에 의하여 생성된 시문학이 바로 감각시, 디지털시, 하이퍼시, 복합상징시에 이르는 과정이었다.

인간의 영혼은 무질서, 무한정한 환각의 세계에서 비롯되며 그것의 양상은 들뢰즈와 가타리의 리좀철학에 의하여 존재한다. 그것의 형태가 시인의 심목에 認知되면 예술로 거듭날 수 있는데 하이퍼시는 이 면에서 마멸할 수 없는 공적을 쌓았다.

문덕수, 김규화 부부를 핵심으로 이선, 최진원 등에 의하여 예술의 극치로 치달아오르는 한국 하이퍼시와 최룡관을 주축으로 그 제자들에 의하여 나름대로의 탐구를 거듭하는 조선족 하이퍼시는 오늘날 신시혁명의 한길에서 빛나는 성과들로 거듭나고 있다.

제반 複合象徵詩는 하이퍼시의 창작기법을 토대로 새롭게 형성된 유파로서, 하이퍼시의 우량한 요소들을 그대로 습득하는 반면에 각이한 특성들도 가지고 있어 그 발전성이 돋보이는 신체시임에 틀림없다.

걸핏 보기에는 하이퍼시든 複合象徵詩든 다 거기서 거기라는 인상을 남겨주는데 이는 두 개 경향의 시의 뿌리가 하나라는 점에서 기인된다.

하이퍼시와 複合象徵詩의 공동한 특점은 하이퍼시 이론이 광범위하게 앞서갔기 때문에 다시 나열할 필요가 없고, 本稿에서는 그 구별점만 알기 쉽게 설명을 가하기로 한다.

하이퍼시는 불연속성을 가진 상관물과 건너뛰기의 변형을 통한 상징들을 구애없이, 무질서하게 펼쳐보이고 독자들로 하여금 그 속에서 스스로 보석을 찾게 하는 것이라면, 複合象徵詩는 그 상징들 가운데서 보석들을 골라 줄에 꿰어 목걸이, 팔걸이…를 만드는 작업이라고 볼 수 있다.

거시적 안광으로 바라볼 때 우주는 작열하는 하나의 큰 천체에 불과하다. 시구에서의 시간과 우주의 시간은 다른 개념이다.

작열하고 해체되는 과정에 우리는 매개의 조각이나 부스러기들의 반뜩임을 감지하게 된다. 그것은 그것에 생명이 있기 때문이다. 매 하나의 반뜩임은 또 그로서의 하나의 반뜩임을 가지고 있다. 그 우주는 또 작열하고 해체된다.

인간은 작열하고 해체되는 우주의 언어를 읽으면서 그것

들을 한데 그러모아 하나의 보석을 만들려고 애를 쓴다. 그렇게 이루어진 보석도 결국엔 다시 작열하고 해체되는 과정을 반복하게 된다.

쉽게 말해서 인간의 삶도 생로병사의 과정을 거쳐 나중엔 분해의 섭리를 따르게 된다는 것이다. 그 과정에 울고불고 하는 것이 인생이다. 결국 나중에 보면 모두 자연 본연의 모습을 돌아가게 된다. 하지만 그 속에 아름다움이 있고 노래가 있고 시가 존재한다.

複合象徵이란 이러한 자연의 섭리를 살아 움직이는 환각의 그림으로 보여주는 조각들의 집합이라고 볼 수 있다.

인간은 한데 엉켜 있을 때에는 감자하지 못하지만, 그것이 작열하고 해체, 분해될 때에는 그것의 소중함을 발견하게 된다.

그런 소중한 가치의 조각들을 잠든 영혼의 콧구멍에, 눈구멍에, 귀구멍에 밀어넣어 영혼으로 하여금 와뜰 놀라 깨어나게 하는 것이 바로 複合象徵詩의 골수라고 할 수 있다.

상관 사례의 이치는 리좀의 범칙을 토대로 하는 하이퍼와 별반 다를 바가 없다.

세상 이치가 워낙 부단히 분열, 해체되거나 흩어진 상태의 연장을 이어가는 것일진대 複合象徵詩는 그 속에서의 매 하나의 변형된 반뜩임을 독단적 묘사에 그치는 것이 아니라, 상징의 옷을 입힌 후, 한데 모아 등불을 만들고자 한데 그 최종 목적이 있다.

리좀의 원칙에서 제기되는 무중심說과는 달리 複合象徵詩에서는 산재하여 있는 복합적 상관물들의 내재적 연계성에 의한 정체성을 요구하며 서정을 바탕으로 하는 환각의 흐름을 요구한다.

화자의 붓 끝에 의하여 그려지는 영혼의 경지는 화자의 서정을 발단으로 하여 인기되는 것이라고 봐야 할 것이다. 서정의 팽창이 환각을 불러일으키며 환각은 다시 상상, 환상의 나래를 펴게 되고, 또한 그 속에서 새로운 질서를 잡아보게 되는 것이다.

그러한 질서는 다시 세상에 자극과 흥분을 불러일으키기 위하여 변형을 거쳐, 기존의 현실세계와는 다른 가상의 세계로 다시 현실세계를 조명하게 된다.

그런데 여기서 제기되는 문제는 경지라는 두 글자에 있다. 어떤 사람들은 반뜩이는 매개의 조각들을 그러모아 촛불을 만들지만 어떤 사람들은 그것으로 달이나 태양을 만들고 기와집이나 바다를 만들 수도 있다. 세상의 이치를 깨달은 자의 몫에 따라 펼쳐지는 상징의 그림도 각이하게 樣相을 드러낸다는 것이다.

상징이란 그 자체가 애매성을 띠고 모호성을 띠게 되며 그것이 매력으로 된다. 하기에 상징은 화자의 본의를 떠나 독자 나름대로의 해석이 가능한 것으로 된다. 그렇게 되는 주원인은 매개인의 경력과 문화 차원과 미학관의 차이가 있기 때문이다.

6. 複合象徵詩에서의 지켜야 할 기본점들

ㄱ. 직설은 절대적으로 피면하라.

ㄴ. 상관물에 대한 변형의 能動的可視化를 행하라.

ㄷ. 이미지군(이미지덩어리)들 조합의 내재적 연계성과 정체성을 지키라.

ㄹ. 서정의 토대 위에 형상의 꽃을 피우라.

ㅁ. 막부득이한 경우 외엔 토(조사) 사용을 절제하라.

ㅂ. 형용사, 규정어(관형어), 부사 등 수식어를 적게 사용하라.

ㅅ. 관념, 이념 등 추상어의 경우 구체 상관물을 통한 통감의 기법으로 可視化하라.

ㅇ. <나, 너, 당신, 그대, 우리> 등 실생활에서의 직접적인 호칭이거나 인물 등장을 다른 표현으로 대용하라.

7. 나가는 말

複合象徵詩는 필경 신생사물이니만큼 자체로서의 허다한 병폐를 동반할 수도 있으며, 그것의 극복을 위하여 탐구로 거듭나야 할 것이다. 하지만 모든 예술은 靈魂의 활동에서 기인된다는 점을 감안할 때 환각의 흐름을 기본 바탕으로 하는 複合象徵詩가 그 여느 유파거나 유형의 시들 못지않게 독단적 존재가치를 가질 수 있는 급진적 산물이라는 데서 환한 앞날을 기대해본다.

또한 그에 따르는 새로운 유파의 시인들의 속출을 믿어 의심치 않으며 현재 중국에서 고고성을 울린 '중국 조선족 複合象徵詩동인회'가 ≪시몽(詩夢)≫ 詩전문잡지를 내들고 활약하는 모습에도 기대의 박수를 아끼지 않는 바이다.

금후 複合象徵詩 발전이 얼마만큼이나 확고하게 장대해질지는 두고 봐야 알 일이다.

김현순 약력:

중국 조선족아동문학학회 회장 겸 법인대표.
중국 조선족複合象徵詩동인회 회장.
연변작가협회 이사.
연변천사글짓기학원 원장.
시집, 동시집, 동화집, 설화집 등 문학저서 10여 권 출간.
해내외 문학상 수상 다수.

2011년 노벨상 수상작
토마스 트란스트뢰메르의

詩와 그 해석

돌

우리가 던진 돌들이 유리처럼 선명하게
세월 속으로 떨어지는 소리를 듣는다
골짜기엔 순간의 혼란된 행위들이
나무꼭대기에서 꼭대기에로
날카롭게 소리치며 날아간다
현재보다 희박한 대기 속에서
입을 다문 돌들이
산꼭대기에서 꼭대기에로
제비처럼 미끄러져
마침내 존재의 변경(边境)지대
머나먼 고원에 이른다
그곳에서 우리의 모든 행위들이
유리처럼 선명하게 떨어진다
바로 우리들 자신
내면의 바닥으로

[해석]

돌/ 윤옥자

중국연변조선족자치주조선족아동문학학회 회원.
동시, 성인시 다수 발표.
윤동주문학상 수상.
중국조선족**複合象徵詩**동인회 회원.

우리가 선전하는 교리들이 유리처럼 선명하게
사람들 속으로 전파되는 소리를 듣는다
어떤 지역은 이질적인 종교들의
반대로 선전한 교리들이
대중 속에 들어가지 못하고 꼭대기에서
꼭대기로 지나간다
우리 교리는 태평양을 건너
마침내 존재의 변경지대
머나먼 남미고원에 이른다
그곳에서 우리들 교리는 빛을 발하며
행동으로 선명해진다
우리가 영혼 심처에서 하느님을 따르듯이

새가 지저귄다 (외 3수)

□ 방산옥

선녀와 신선의 놀이터
용궁입구에서는
안개가 쏟아지고

울울창창한 밀림 계곡에서는
새(阴蒂, 음핵)가 지저귀고
감로수가 찰랑찰랑 흐른다

대전성선[前庭大腺]에 놓인
쟁반에서는
구슬들의 주문 읊는 소리에
두견화가 웃음 짓는다

둥근 기둥 위에 놓은
분수대
장대비 그칠 줄 모르고

음렬에 자리 잡은
삼면육비(三面六臂)는
금강저(金刚杵)를 든 명왕을 노린다

함께라면

절단기가 지구층을 절단한다
한벌 한벌 검은 철판 벗겨낸다
밝은 달님, 붉은 사과 싸리꽃향기 쏟아진다…

대포구에서 굵은 승냥이들이
시퍼런 불길을 날름거린다
땡그랑 땡그랑 악, 악, 소리
검들이 부딪친다, 부러진다

빼빼 마른 나무에 딱따구리 수혈한다
파란 나무는 다시 파란 리본 맨다
두더지 굴토기가 푸른 언덕을 핥는다
말랐던 언덕밑 도랑에서 물이 흐른다

아가씨 젖냄새, 손냄새, 향수냄새
총각무들을 살찌운다

정막이 내린다, 맛 향기들은 조용히 잠들고
비벼대는 소리, 핥는 소리만 들릴 뿐

어머니 이름은 바다

12개 밝은 달로 경락고속도로 부설하고
24개 절기로 척추기둥을 세웠다.
365개 태양은 경락에 심은 혈위
그의 이름은 삼인모(海)–바다라 부른다.

엄마의 아가 고고성을 울린다.

태극 노래 부르는 두 귀 터널
우주의 음양을 실어 나르는 두 코 터널
천하만상을 8괘로 저장하는 두 눈 터널

5행을 혀에 심어 황금을 낳는 입 터널

얼굴산은 칠성별로 만들어진 터널

어머니는 피 3방울로
45억의 우주아가 낳고…
바다를 만들다니

석양은 푸르청청

잔잔한 파도 손이
바다질에서 나오는
아침 해 머리를 받아 올린다

바다자궁이 수축하며 붉은 피가 흐르고
바람은 태반피로 동녘 하늘 염색하는구나

구름비행기는 태양 실어
서쪽 산봉우리에 내려놓는다

10시간도 안 되는 태양의 운명
산마루에 구르며 피를 토하는구나

하루살이는 산봉우리 정자에서
24시간 회억하며 웃으며 사라진다

석양이 아름다워 뭘 해
1분? 5분?

70세 석양은 여전히 푸르청청
천년송과 장수를 비기건만

방산옥 약력:

1946년 출생. 연변의학원의료학부 졸업. 의학박사, 과학박사, 중의주임의사, 서의주임의사. 연변건강생식연구소 소장, 연길시방생문진부 원장.

중국 조선족複合象徵詩동인회 명예회장. 시몽(詩夢)잡지 명예주간. 세계자연과학기금회 부주석, 중국 명의이사회 상무이사 등 겸임.

≪성을 알면 삶이 아름답다≫ 등 의학저작 8권 출간. ≪인+정≫ 등 문학저작 5권 출간.

생식건강과 시문학 접목이 낳은 향기

□ 김천사

낯선 자극이 흥분을 불러일으킨다. 인간이란 어찌 보면 새로운 자극을 위하여 부단히 삶을 가꾸고 창조해나가는 것이 아닌가 싶다.

방산옥의 시집 ≪仁+情≫이 이제 우리의 삶에 어떤 낯선 자극으로 흥분점을 불러일으키는지 한번 살펴볼 가치를 진맥해보기로 한다.

자고로 인간은 성행위에 대하여 은폐시키고 입에 올리기 꺼려 해왔다. 하지만 성행위는 단지 즐거움 빼고도 세상 만물 창조의 근원이며 우주섭리의 근본이기도 하다. 태초의 세상은 혼돈이 음양으로 갈리고 수없는 교접의 극치 속에 오행을 산출하며 12지지의 율(律)을 타고 육십갑자의 윤회로 거듭나게 되었다.

음과 양의 교접은 곧바로 성행위를 뜻한다. 때문에 성은 아름답고 신성하며 위대하기까지 한 것이라고 역점 찍지 않을 수 없다. 서양과는 달리 동양문화권 내에서는 성에 대하여 극력 회피하는 가면을 쓰고 있는데 글로벌시대에 진입한 오늘날 그 가면 뒤편에 있는 아름다움을 스스럼없이 꺼내 진열해놓고 흔상할 때도 된 것 같다.

그 선두에 서서 시문학을 통한 성(性)의 아름다움과 위대함을 읊조린 사람이 바로 방산옥 시인이 아닌가 싶다.

방산옥의 시세계를 둘러보면 생식건강지식을 複合象徵으로 펼쳐보였다는 점이 한눈에 확연히 드러나는 것이 특색임을 우리는 어렵지 않게 보아낼 수 있다.

여기서 複合象徵에 대하여 짚고 넘어갈 필요가 있다.

複合象徵이란 말 그대로 단순상징이 아닌 복합으로 구성되어 있는 것을 말한다. 사상감정을 직설이 아니라 상징으로 보여주는 것은 인간의 지혜이며 슬기이다. 가령 "나는 너를 좋아한다"라는 원초적인 표현을 "당신 손은 참말로 부드럽구만"라는 식으로 표현했다면 그것은 상징으로 된다.

한 수의 시에서 하나의 상관물을 틀어쥐고 전개하면서 그 상관물을 통한 자신의 내심을 보여준다면 그것은 단순상징시로 된다. 하지만 여러 개의 상관물을 동원하고 그 상관물들 사이의 내재적 연관성에 의하여 하나의 정체를 이루면서 화자의 내심활동을 보여준다면 그것은 複合象徵詩로 되는 것이다.

複合象徵詩는 화자의 영혼이 떠올리는 환각의 흐름 속에서 무의식적인 상관물을 틀어쥐고 그것들의 합리적인 연관성을 찾아내어 예술로 부상시킨 다음 세상에 펼쳐보이는 것이 기본핵심고리이다.

연관성을 찾아내어 예술로 부상시키려면 어떻게 해야 하는가. 상관물에 대한 굴절 내지 변형을 거쳐야 한다. 그런 다음 그것을 다시 能動的可視化로 펼쳐보인다. 能動的可視化의 실천은 기존의 상식과 율(律)을 벗어났지만 세상의 공감대를 자연스럽게 울려야만 그 가능성이 실현되는 것이다.

인간이란 육안으로 보이는 현실세계에 너무 마비되어 있는 것인지도 모른다. 하지만 심성을 떠난 영혼의 세계는 아무 거리낌없이 자유분방의 양상(樣相)을 드러내 보이기에 주저하지 않는다. 그것이 어찌 보면 인간의 원초적 욕망이고 갈구일지도 모른다. 하기에 불교에서의 아수라는 삼두육비(三頭六臂)의 형상으로 그려져 있고 UFO를 타고 지구에

왕림하는 과학환상드라마 속 우주인들은 지구의 인간이 소유하지 못하는 초능력의 소유자로서 눈이 일곱 개일 수도 있고 콧구멍이 다섯 개일 수도 있는 것으로 묘사되고 있는 것이 아닐까.

문학이란 현실세계 그대로를 스크랩하는 것이 아니라 현실세계 건너편에 있는 가상세계에서 에너지를 찾아 현실세계를 재조명, 재창조하는 것이라고 필자는 가름 지어 본다.

방산옥 시인의 시세계에서는 이런 인간의 욕망과 갈구가 생식건강지식이라는 무기를 통하여 상징으로 과감히 펼쳐보이고 있는 것이다.

시 "새가 지저귄다"를 보기로 하자.

(예문 약함)

이 시에서는 운우지정을 나누는 두 남녀의 낙(樂)의 극치를 읊조리고 있다. 속살 섞을 때의 인간은 신분과 계급과 정치와 무관하고 다만 선남, 선녀만 존재할 뿐이다. 선녀와 신선의 놀이터는 바로 용궁입구 즉 암, 수 생식기의 교접을 이루는 곳이며 그곳엔 안개비가 쏟아진다고 먼저 그 환경을 그려주고 있다. 여성의 생식기의 구조를 "울울창창한 밀림 계곡에서는/ 새(阴蒂, 음핵)가 지저귀고/ 감로수가 찰랑찰랑 흐른다"라고 아름답게 표현하고 있으며 당시의 정경과 정서를 "대전성선[前庭大腺]에 놓인/ 쟁반에서는/ 구슬들의 주문 읊는 소리에/ 두견화가 웃음 짓는다"라고 상징으로 펼쳐보이고 있다. 시에서는 또 남성의 성수난 행위를 "둥근 기둥 위에 놓은/ 분수대/ 장대비 그칠 줄 모르고"라고 비유하면서 그 즐거움을 높이 끌어올리고 있다. 시는 마지막에 가서 인간의 욕망이 가지는 거대하면서도 황홀한 꿈을 "음렬에 자리 잡은/ 삼면육비(三面六臂)는/ 금강저(金刚杵)를 든 명왕을 노린다"라는 환각으로 펼쳐보인다.

또 "함께라면"을 보기로 하자.

(예문 약함)

이 시에서는 착상의 대가 굵은 것이 이색적이다. 시에서는 "절단기가 지구층을 절단"하며 "대포구에서… 검들이 부딪치고 부러진다". 얼마나 웅장한 사유가 흘러가고 있는가. 한 수의 시에서는 잔잔한 냇물과 풀꽃들의 속삭임도 다룰 수 있지만 우주, 지구, 달과 같은 천체의 움직임도 다룰 수 있다. 일찍 모택동은 시에서 황하, 장강, 곤륜을 손에 움켜쥐고 북극의 풍광(風光)을 읊조렸으며 진시황, 칭기즈칸 등 역사의 거물들도 자유자재로 다루었다.

방산옥의 이 시에서는 그런 시적 기질과 넓은 아량과 품이 엿보이고 있어 내내 즐겁다.

그럼 이제 이 시에 대한 구체적 해부를 진행해보자.

인간은 오랜 세월을 자신의 마음을 타자에게 쉽사리 드러내 보이지 않으려고 애써왔다. 그것이 관습이 되어 인간들 사이에는 보이지 않는 각질이 두꺼워져 나중에는 인정세태가 삭막할 지경에 이른다. 하지만 그 각질 속에는 누구에게라 할 것 없이 뜨거운 피와 심장과 사랑과 향기가 깃들어 있다. 화자는 바로 이러한 현실세계에 회의를 느끼고 대담히 "절단기가 지구층을 절단"하고 "한벌 한벌 검은 철판 벗겨내는" 상상을 펼쳐나간다. 각질이 벗겨나간 인간심층에서 "밝은 달님, 붉은 사과 싸리꽃향기 쏟아진다…" 이것은 인간 본연의 참모습이며 누구나 지향하는 이상향이 아니던가. 시인은 이러한 화폭을 오랫동안 굶주리고 참아왔던 인간심성의 발로인 남녀의 성행위를 통한 정사로 끌어올린 것이다. 참으로 담대한 상상 속에 화자의 염원이 녹아 흐르는 멋진 구도가 아닐 수 없다.

고갈된 인간심성이 다시 찾은 사랑의 목소리를 "빼빼 마른 나무에 딱따구리 수혈"하면 "파란 나무는 다시 파란 리본 맨다"라고 상징하였으며 풍요로운 마음의 즐거운 세계를 "두더지 굴토기가 푸른 언덕을 핥는다/ 말랐던 언덕밑 도랑에서 물이 흐른다// 아가씨 젖냄새, 손냄새, 향수냄새/ 총각무들을 살찌운다"라고 형상적으로 그려 보이고 있다.

시는 마지막 연에 가서 사랑과 평화와 화합의 조화를 장막 내린 저녁의 조용히 잠든 맛과 향기와 같은 것으로 비유하면서 오직 가슴과 가슴들이 서로 문을 열고 진실을 주고받을 때라만이 세상은 극락의 천당을 영위할 수 있다는 것을 "비벼대는 소리, 핥는 소리만 들릴 뿐"이라는 성감적인 표현으로 제시해주고 있다.

방산옥 시인은 자신(自身)의 시세계에 주역(周易)을 도입하여 생식건강지식을 더 한층 꽃피워 複合象徵으로 펼쳐보이고 있다. 주역은 중화민족의 고유한 깊은 학문의 정수(精髓)이다. 인간 삶의 정체를 주역으로 풀이하면서 성적 교접을 複合象徵으로 펼쳐보이는데도 시인은 장기 표현을 아낌없이 드러내고 있다.

이제 우리는 또 "어머니 이름은 바다"라는 시를 분석해보기로 한다.

(예문 약함)

이 시에서는 세상 구성의 이치를 주역의 해법에 따라 12개 달, 24개 절기, 365개 태양(365일)의 발동(發動)에 의하여 이룩된 것으로 해부하면서 그러한 세상을 잉태하고 산출하는 것은 바로 삼인모(海)―바다라고 구가하고 있다. 태극, 우주의 음양, 팔괘의 조화와 오행의 법칙, 칠성별의 방위에 따라 귀, 코, 눈, 입, 얼굴이 형성되며 나중에는 지구라는 아기의 탄생과 너그러운 심성을 가진 바다의 탄생까지 읊조리고 있다.

그러고 보면 세상의 존재란 그저 터무니없는 것이라곤 하나도 없다. 모두가 미지의 법칙과 도에 따라 조리와 조화를 이루고 있는 것이다. 이러한 것을 시인은 주역과의 접목으로 풀이하고 있는 것이다.

위에서도 말했듯이 자극은 흥분을 불러일으킨다. 낯선 자극일 경우 그 흥분의 역도는 더구나 강렬해질 수밖에 없다.

방산옥 시인은 낯선 자극을 위하여 사람들이 꺼려하는 성행위를 대담하게 다루면서 상관물의 변형을 통한 시어의 새로운 상징의 조합을 서슴지 않는다.

이른바 상징이란 원뜻을 직접 말하기 저어하여 고의적으로 에둘러 말하거나 암어(暗語) 또는 은어(隱語)들로 다르게 표현하는 것을 말한다. 그러므로 상징은 당연 애매성과 모호성을 갖게 된다. 이것은 상징의 본질적 특성이다.

이러한 상징은 상관물의 변형을 통해야만 이룩되는바 변형이란 단순 시어의 변형, 이미지의 변형, 이미지군(群)ㅡ이미지덩어리의 변형으로 나뉘는데 그 구체적 사례를 방산옥 시인의 "석양은 푸르청청"이라는 시에서 살펴보기로 한다.

(예문 약함)

이 시에서는 생명체의 탄생과 그 거룩함을 읊조린 것이라고 볼 수 있다. 인간도 하나의 생명체지만 인생 자체도 하나의 생명체이다. 화자는 생명체의 한생을 아침 해가 솟아오르고 지는 과정의 정경으로 그려내고 있는바 생명체의 탄생을 위하여 노심초사하는 바다질, 바다자궁, 바람, 구름 비행기, 서쪽 산봉우리, 하루살이를 동원하여 펼쳐보이고 있으며 나중에는 70세의 삶을 살아온 자신의 기개와 삶의 희열도 살짝 엿보이고 있다.

첫 연에서는 생명체의 탄생의 성스러움을 "잔잔한 파도 손이/ 바다질에서 나오는/ 아침 해 머리를 받아 올리는" 형상으로 변형시켜 보여주고 있으며 두 번째 연에서는 생명체를 산출하는 간고함을 "바다자궁이 수축하며 붉은 피가 흐르고/ 바람은 태반피로 동녘 하늘 염색하는" 것으로 보여주었다.

세 번째 연에서는 생의 총 노정을 "구름비행기는 태양 실어/ 서쪽 산봉우리에 내려놓는다"는 표현으로 동화적인 색채의 재미를 보여주었으며 네 번째 연에서는 생의 고달픔을 "10시간도 안 되는 태양의 운명/ 산마루에 구르며 피를 토하는구나"라고 감명 깊게 보여주었다.

다섯 번째 연에서는 짧디짧은 생의 마감을 하루살이가 장엄한 회억의 미소를 날리는 것으로 쿨하게 보여주면서 콧마루가 찡해나게 한다.

여섯 번째, 일곱 번째 연에서는 인생의 황혼을 즐기는 화자의 낙천적 자세를 진솔하게 펼쳐보이면서 작품의 높이를 끌어올리고 있다.

한마디로 상징들의 복합적 결구로 시의 세계를 열어가면서 생식건강으로 통하는 우주 삼라만상의 율칙(律則)을 주역의 이치와 결부하면서 낯선 자극을 펼쳐보이는 방산옥의 시세계는 새로운 감동을 불러일으키기에 너무나도 충분하다.

비록 아직 일부 작품들에서 변형을 거치지 않은 직설의 흠집이 보이기는 하지만 이러한 것도 새로운 차원에로의 향상을 위한 시인의 독자적 개성이 아닐까 하는 생각을 가져본다.

리얼리즘 계열의 시와는 달리 온통 상징으로 도배되어 있고 또한 성(性)을 통한 생식건강의 위대함이 시문학으로 거듭나게 하는 데 기초작업을 실행했다는 점에서 방산옥의 시집 ≪仁+情≫은 괄목할 만한 사료적 가치를 소지할 수 있겠다는 나름대로의 인식을 가지고 크게 엄지손가락을 뽑아 칭찬을 아끼지 않는 바이다.

방산옥 시인의 금후 시 창작에 더욱 알찬 열매들이 주렁지기를 기대해본다.

빙산(氷山) (외 3수)

□ 남송화

파도가 한장 한장
하얀 속살 번지는 사이
에메랄드 고독
호흡의 박동 보듬는다
벽에 갇힌 찬바람
서리 낀 하늘 가슴앓이가
꺼억꺼억
얼음꽃 껴입힐 때
만경창파 뿌리 내린
심장의 유언장
치마 벗는 봉선화 향기가
천년의 사념(思念)덩이로
물의 깊이를 잰다
그대 가슴에 내려앉은
바닥재 열기
나는 커피 들며
바다의 겨울 녹인다

후회

신기루일 줄 몰랐다

문 열면 마주 웃던 두견화
고독 물고 흐느낀다
뜨겁던 눈, 코, 입
방울방울 거품 터뜨릴 때
소주잔 높이 쳐들고
운명교향곡 지휘한다
찬란한 순간들 사선(死線)과 어깨 겨루면
노을은 아픔에 등잔불 켠다
길섶 위에 떨어뜨린
엇갈림의 피눈물
꿈꾸던 민들레
바람에 갈가리 찢겨도
어디선가 또다시
씨앗 뿌리는 소리

약속

소매 걷어붙인 봄
땀 훔칠 때면
벚꽃 드레스 입혀준다던
덜먹총각 풀먹인 소리

바람에 날려간 기다림의 먼지
병든 하늘 만질 때
우주도 빨갛게
동강났었다

쪽배 탄 토끼의 후회
은하수 노 저어 건늘제
찢긴 거짓의 혓바닥이여

날름거리며
야윈 이름 칭칭 감았다

오늘도 미쳐난 하루
풀떡이는 심장 소반에 담아 들고
지하철입구에서
짐짓
사진 찍는 잔(盞)인 척한다

매화 옆에서

기다림
심장 터지는 소리
가지마다 올올이 매달려
빠알간 사연 흔들어대는
봄날의 약속

간밤 총총하던 별들
그 찬란한 이야기가
귀밑 살짝 붉히는
숨결 핥는 꽃항구

나비의 키스 팔랑팔랑
햇살 되어 찾아들며는

옷 벗는 홍매화
간지러운 하루가
눈썹 고운 부끄러움 날개 접으며
사뿐히 다가선다

환생 (외 3수)

□ 배소윤

차디찬 쓰거움 홀로 삼키던
빛바랜 영혼의 가슴
찬서리 휘어감았다

블랙홈의 간사한 애교의 눈짓
허공 허비는 손끝의 절망
초조한 마음 불세례 기다린다

십자가 높이 쳐든 퇴색의 그림자
하얀 고름 짜내는 심장
고개 쳐든 바늘침에
감로수의 입술 할딱거린다

가는 여름

꽃나비의 슬픈 연가
갈대의 입술에 걸렸다
이파리 나풀대는
나뭇가지 흐뭇한 미소
고운 수채화 수놓는다

잠자리 꽁다리 흔들흔들

코스모스 속살 부비면
지나가던 산들바람
눈 흘기며
귀여운 뺨 하나 선물한다

불꽃 돌돌 말아
굴러가던 태양의 두 손
머리 위 짓눌리던
차가운 하늘
번쩍 들어올렸다

땅 위 걷는 마지막
눈물 한 방울…

가을향기

빨강이 노랑이
시기하며 받쳐 든 하늘
행복의 미소 흐른다

코스모스 들국화
흔들어대는 치맛자락
엊그제 걸어놓은 저 별
나그네 발목 잡는다

불 한번 지피지 않았는데
잘 익어가는 나이
서투른 한 획의 또렷한 주름
삶의 귀한 발걸음
비단길 피어드린다

손

허우적거리는 절규
지푸라기 부여잡는다

어깨 위에서 춤추는
거짓과 진실의 천칭
무게에 흔들릴 때
뒷걸음치는 야릇한 미소
시간의 늪 핥는다

구슬픈 운율
시공에 메아리칠 때
축 잃은 바퀴
삶의 틈새 굴러든다

눈 (외 4수)

□ 로명숙

달빛 낚아올린 한 줄기 어둠
아픔 꿰어 허공에 걸어두면
탈출한 그림자 슬픈 노래
돌아앉아 잿더미에 세월 묻는다
그리움 말라붙은 손톱
사그라진 꿈자리 피멍으로 물들여
떨리는 입맞춤 사이
꽃잎 하나 떨어뜨리니
한 걸음 다가선 창밖의 경치
차가운 미소 흘리며
오색 치마 뒤집어쓰고
임당수에 몸 던진다

가을

시린 등 어루만지는 바람
나무의 오므려진 손안에
가녀린 온기 살포시 안겨 있다
곱게 쓴 이별의 손편지
멀어져가는 철새들 등 너머
잎은 몸으로 생의 한 페이지 기록한다
햇볕에 영근 코스모스 미소
한계절 아쉬움 사진첩에 담아
떠나는 임의 발목 잡아보지만

잉태한 종자의 발길질
꽃술로 진한 립스틱 덧칠하며
아리랑 고개 너머 눈인사 흘린다

8월

더 이상 푸르러질 수 없는
백양의 안타까움
흰빛의 몸부림 반뜩인다
꽃들의 강샘 부추기는
질투 어린 여신의 단내
어느덧 뒤로 물러선 그림자
서서히 9월로 기울어지는데
그늘 밑으로 숨어든 매미
미명의 음악이
계절의 온도계 제멋대로 매만진다

정열의 장밋빛 드레스
광란의 마지막 파티가
탱고의 스텝 분주히 밟고 있다

손톱

어느 여름밤 커튼 젖히고
별꽃 흐드러진 밤하늘 건반
제멋대로 두드리는 음표들의 반란
따끈하게 덥혀 꺼내든 시구(詩句)

여백의 종이 위에 풀먹여 펴놓고
빈틈 없이 차오르는 눈물의 귀향
잘근잘근 숨 죽여 씹고 있다
찢겨나간 시집의 어느 모서리
마르지 않은 블루빛 잉크향
동그랗게 썰어 말린 한시절 집어들고
궁극의 초록빛 안부를 묻는다

질투

나리의 꽃살 뽑아
순백의 잎마다에 낙서를 시작한다
미세먼지 꽉 끼인 심장
깨문 입술 사이로
탁한 신음 밀어내면
흐르는 타액의 끈적임
골방지기 이야기 엮어간다
소소리바람 타고 날아든 수피아
마술 지팡이 휘둘러 낮달 깨우니
구름 뒤에 정열 숨기는
주춤거리는 태양의 발걸음

모창으로 시작하는
갈대의 순정타령
숲이 울렁이는 가슴 부여잡는다

무제 (외 4수)

□ 강　려

나무의 눈에 매달린 이슬
생각의 포도알
검푸른 새벽 푸닥거린다

미소의 립스틱
앵두 빨간 기억

뚝
떨어진다

원망의 부채
미련 방울
신나게 턴다

그리고

향기 주름
노란 태양 이마
꽃 피우는데

맛 흩어지는 호수에
휴지 일어서고

기억의 미소 푸는 달
쓰디쓴 화살 쏜다

손

호랑나비 날개에 붙은
진달래 밥풀
파도와 악수하면
아니 먹을까

차가운 심장
붕어의 엉덩이
들어올린다

석탑

새벽
욕망 주사 주입하면
검푸른 과민
싹 돋는 하늘

하나
둘

쌓이는 풀의 심장마다
뚤
렁
울음 화살 꽂는 빗줄기

뒷모습

고름 흐르는 숲의 뒤통수
새소리 긁어주는데

동산 아궁이에
돌아앉은 할미꽃
봄 지핀다

가마 안에서
하얀 고독소리
튕겨나온다

오는 봄 (외 4수)

□ 황희숙

찢긴 상처에서
뚝
뚝
떨어지는 하얀 핏방울
채석돌 뚫더니
뱀 되어 구불구불 기어간다

구름 끝자락 물고
바다에 그물 치는
갈매기 웃음집 흔들흔들

꽃차

하얀 소복단장 하고
사뿐사뿐 걸어와
잠자는 호수 깨운다

아침 해 물어올린
참새 소올솔 불어오는
바람에 옷깃 날려 속살 보인다

길 가던 나그네
목 삐뚤어진다

손

늦겨울
눈물 훔치며
하늘에 하소연하고
서산마루 팔베개하고
잠꼬대한다
불
불
불

술 취한 李白
시 낚으며 부표 찾고
노들강변 부르며
동해바다 그네 뛴다

바람이 이 모든 것
꽉 움켜쥔다

소리

하얀 피 질벅하게
서산마루 칠해가는
갈대의 슬픔

파도에 반죽 된 외기러기 눈물
고속열차에 앉아 떠남을
묵묵히 바랜다
고향 찾는 눈물
무지갯빛 기쁨 반짝일 때
불깃해진
눈시울의 냄새
손바닥에 흥건히 고여 있다

삼복

어두움 갉아먹고
불가마에 뛰어든 매미
팔딱이며 땅거미 쫓는다
발길에 채운 햇빛
개미들의 싸움 노랗게 굽어
하수도 구멍에 향기 쓸어넣는다
주정뱅이 폭포수
하얀 뱀 꼬리가 일어서고
중얼중얼 염불
흰구름 옷고름 푼다

가을 (외 2수)

□ 박춘월

하늘이 높아지려고 하는 입구
회전문이 돌아가면서 숱한 억새를 집어먹는다

열매 한 바구니 내어주려고
묵묵히 땅굴 속에 손 박고 있은 시간들이
일제히 빨간 노란 표정의 얼굴을 쏟으며
성급히 손 흔들어 작별의 냄새를 얹어준다

힘 실린 바람의 이마가 서늘해진다
곧 다가올 얼음 나라 마주하고
별무리처럼 반짝이는 화면을 펼쳐보이며
풍요로움의 절정을 합창한다

폭죽처럼 사라지고자 하는 저
오색(五色)의 마법이여!

눈[眼]

동그란 부챗살 주름 가득 물었다
그 이랑 사이 갇혀 헤매는 발길 있다

솟아서 계곡으로 흐르는 보석빛 이슬 영롱하다

오아시스 변두리에 핀 초록잎을
숲에서 일어나는 바람이 흔들고 흔든다

동그란 만화경 두 장 들고 오는 우주
짙은 안개 속에 들어서는 피사체(被攝体)
그 만남 속 바탕에 미학적 음악 흐른다

가끔 소낙비 쏟아져 내리는 궂은 날씨
호수가 장대비에 아픈 문양 펼친다

들여다보이는 맑은 창(窗)에서
꽃을 든 소통의 통로가 걸어나온다

여행

펼쳐지는 파노라마
쫓는 눈[眼] 시리다

상념의 색깔 흐릿해지고
길 끝없이 잡아당겨 본다

기억의 꽃 뚝뚝 떨어지는 들판
생각의 치륜 멈춰서고

쉬어갈 만도 한데
시간의 목줄 점점 조여온다

타향 (외 3수)

□ 권순복

수세미가
혓바닥 날름거린다
심장의 피
갈증 핥는다

눈물로 반죽 된
빵 부스러기
비린 바다가 왈칵
동공 없는 눈물 토한다

파도는 오늘도
섬 삼키고 바위가 된다

치마

천만 갈래 하아얀 넋을 고여 짠
푸른 비단필
끓는 피 반죽해
해를 토하고
흘러가는 세월 주름잡아
달을 삼킨다.

저녁노을

해의 잔등에 심장 얹어
고독 달군다
끓는 피 오리오리 찢어
가지에 걸어둔다

붉은 빛줄기 손뼉치며
달마중 가고
별과 웃음꽃 나누어 먹는
즐거운 신음소리…

석탑

넋으로 쌓은
한층 또 한층 꿈이
하늘 찔러
구름 딴다

별이 찬 이슬로 내려
바람도 어깨 무겁던 날
세월의 잔주름 헤아리며
눈 속의 매화꽃 피 흘린다

가는 세월에 눈물 받아
오는 세월에 싹 틔워
자비로운 마음꽃 행복 담아
천년만년 향기 넘친다

비 (외 4수)

□ 최금화

동그랗게 메마른 웅덩이 하나
그리움 하얗게 차오른다
추억의 갈무리 동여맨 실끈
풀리고 묶이는 셔터만 눌러댄다

스쳐가는 차가운 바람줄기
우주의 문 활짝 열리고
쏟아내리는 은구슬
중력파 블랙홀에 무지개 떴다

흙탕물은
달콤한 맛이었다

복사꽃

매화꽃 빨갛게 타오른 자리에
날개 접은 어둠의 겨드랑이
머리 빠끔 내민 하얀 편지

창문 밖에 서성이던 별
고무줄 튕기던 그 미소와

줄넘기하던 시간들의 하품
펴놓은 돗자리가 가슴무늬 새긴다

이제금 깃을 펴는 생각의 하늘
흐드러지는 그리움의 꼬투리가
빨갛게 익는다

키스

우글거리는 용암 우주 삼킨다
꽃과 나무와 파랑새 신음소리
흐드러지게 피어나고
빨갛게 고인 기다림
샘물로 퐁퐁 솟아오른다

현란한 바이올린 멜로디에
왈츠 추는 술향기 유혹
빨려 들어간 하얀 심장
옷고름 풀어헤친다

봄

이른 아침
햇살이 피아노 연주한다
알락까치 뒤꽁무니에
노래가 매달려
답싹답싹 춤춘다

잠 깬 나뭇잎
눈 비비는 몸짓은 파랗다

핑크빛 설렘 서성이는
바람의 줄기

하낫, 둘…
구령이 호각 물고 일어선다

낮달

우주를 맴돌다 쓰러진 그리움
동녘의 우체함 속에서 심장 펼쳐들고
할딱이던 꽃망울 터뜨린다

바다의 포효 잠재우던
동강난 배의 육신
희미한 궤적 속 등화 치켜들고
또다시 등대로 향한다

그림자의 침묵
수많은 별꽃 우수수 떨어지며
전생의 이야기
몸부림친다

아침시장 (외 3수)

□ 배련희

사구려 소리가
새벽 네 시를 겨냥한다
태엽 감는 심장이
저렴한 데생
화살촉에 매단다

길게 드리운
구석진 하루의 음영
목탄의 약속이 온돌의 따스함
디자인한다

대야에 담긴 눈빛 한 덩이
스무 살에 덩그러니
얹혀 가고
찬바람 감아쥔 지팡이
병든 제방
노을로 취해 눕는다

소고기 매장 구석마다
옴츠린 오르막길 코골이
한낮이 질주하며, 구겨진 미소
폈다가 접는다

샤틴[薩T]

소나기와 무지개의 감미로운 사랑
무아지경이 활활 타오르다
미소 머금는 지천명

아프리카 사막에 묻힌
샤틴 밤 밝혀
빨간 홍조 나무에 걸어놓고
달빛에 그림자 지르밟으며

저녁노을 눈부신 도자기
차곡차곡 담긴 소박한 꿈
사랑의 누룩으로 맛있게 익혀간다

※ 샤틴: 아프리카의 보석에 가까운 아주 진귀한 돌

인제는

귓가를 파고드는
귀뚜라미 울음소리
낯선 화음에 부드럽게 반죽하여
오븐에 구워내고

가담가담 다가와 첼로 치는 삼각김밥
아이스커피 쓴맛에
슬픔 녹여낸다

채에 받쳐 보슬보슬 섞은
입안 가득 설기떡향
시루에서 소복이 담아내면

비 행운에 비친 노을빛
싱크대 위에서
불타는 꼬리 즐겁게 방황한다

가을

발목 잡는 포근함
아쉬움 덮으며
추억의 갈피에 숨어든다

고요한 저녁하늘
사연 안고 숨죽이는 생명들
가을의 마지막 입맞춤에
서러움 뜬구름에 날려 보낸다

가랑잎 사뿐
따스한 몸무게에 실린 풀씨 풀벌레
허전하던 마음 항아리 잠재우고
그 빛깔 속에 빛난다

허리 굽힌 반달이
우듬지 훤히 비춘다

두고 간 그림자 (외 3수)

□ 윤 설

번져 보는 멈춰선 시간들
깊은 잠에서 깬
시간의 벽을 오르던 영혼들
들숨과 함께
히말라야의 타르초로 팔락인다.

모래톱에서 부화한 거북알들
바다를 향한 필사의 탈출로 이어지고
돌탑 쌓으며 풍경 속에 녹아든 카멜레온
세상을 짊어진 개미들의 행렬
들락날락하는 파도의 발걸음에 맞춰
노래 되고 시 되어 갈매기로 난다

치마폭 일렁이는 붉은 노을
노오란 새털구름 하나 떠간다.
멈출 수 없는 계절이 두고 간 응고된 불꽃
미래를 잃어버린 끊어진 혀들의 메아리

타향 · 1

굳어질 발자국 남기며

야망과 기다림 등에 지고
떠난 그 길

수년의 계절
수십 년 무게로
굴렁쇠 굴린다

넘어졌다 일어서는
밤과 낮이 줄을 서고
기린처럼 목 길어
슬픔 얼룩진
굴러온 돌의 무늬

불타던 노을빛 사라지고
둥근달 구름 속 헤쳐가는 밤
눈물과 웃음 섞어
호탕하게 마신다

생살 찢고 봄길 따라
올라오는 빨간 노란 향기
밤에는 겻불로 살고
낮에는 불길로 산다

타향 · 2

속세의 낯선 시장
굴러오는 돌 기다려주는
풍경에 녹아든

완벽한 카멜레온

소리 높은 푸성귀 금값
돌아선 한 걸음
은값 지불한다

아침 나갔던 시간
저녁 끌고 오는 골목길
삯꾼 기다리는 빨랫감들

서리꽃 필 때

귀뚜라미 사랑노래
익어가는 산자락
바람은 갈대의 은발 날려
높아가는 하늘에 꽃구름 빚는다

타번지는 계절의 곤두박질
가벼워지는 연륜의 무게

고목에 나부끼는
몇 잎 안 되는 푸른 잎새 속
천둥과 무지개 살아 있다

못 다한 꿈
퍼덕이는 접지 못하는 날개
오늘도 울려오는
저 북소리

어제를 등지고 (외 3수)

□ 림연옥

어둠 장단 치던 소리 멀어지고
만물 코 고는 소리 짙어 가면
삶은 시간의 쪽걸상에 앉아
어제를 등진다

올 때처럼 더듬어 가는
그리고 또 그렇게 가야 할 길

물안개 꽃가루 안고 달려오는
발걸음 소리 요란하다
바람, 그림자 잘라 버린 홀몸

고독은 화려한 옷자락 날리며
가슴 열고 미지를 껴안는다

봄 약속

겨울 강 더듬는 아이들
통통 부은 발등
발그레한 아픔 토하며
얼음길에 잡힌 발목

주춤하다 머뭇거린다

동그랗게 뜬 큰 눈
강한 눈초리, 꾹 깨문 입술

가뜩 부푼 가슴이
하늘 향해 윙크하니
어둠 열리는 사이로
한 줄기 햇빛 쫙 쏟아진다

매화꽃 터뜨리는 하얀 미소는
강 건너온 희망이어라

빙산(氷山)

푸름과 푸름의 상봉
눈부신 무대
색소폰 경쾌한 선율에
펭귄 찬 엉덩이 불난다
남쪽 하늘 투명한 빗장 열리니
먼 바다 바람꽃 축복 날리고
부끄럼 잡아 탄 심장
천지의 애모에 얼굴 붉힌다
높고 깊은 사이로 잉태되는
뿌리 깊은 사랑
그 위에 우뚝 선 자존이
생명의 이름 물고
하얗게 응고된다

유정 세월

서쪽 하늘 꿈나무
숨겨둔 이야기
둥근 유혹 던져오고

빛줄기 따르는 반딧불
날갯짓 급하다

여객기 날아간 활주로
아쉬운 한숨 바람 되어 날리고

떠나가지 못한 그림자
떨리는 두 다리 달래며 흐느낀다

등 뒤로는 출발 대기 중인
남행 열차 힘찬 부름 소리
남은 희망 불타오르고

스피커 긴 하품 묻혀 나온
일기예보…

당신의 목적지는 안개 덮인 날씨에
바람이 세차고 때로는 비 내리다가
내일은 갤 것으로 예측됩니다.

갈망 (외 4수)

□ 김영자

거미줄로 짠 웨딩드레스
칭칭 온몸 감는다
끈적끈적
떨쳐지지 않는 점성
모공(毛孔) 파고든다

머얼리
갈매기 노랫소리에
머리칼 올올이 일어서고
가슴 파도를 얼싸안는다

폭풍우 뚫는
해연의 억센 나래에도
깃털은 보드라웠다

유정세월

한통 한통 샘물젖으로 목 축인
푸르청청 애솔
팔 벌려 찬바람 막아주고

베짱이며 파란 잔디
노래하고 춤추며 친구해 준다

청명 추석이면 선물로 드리는 인사
이생에 못 다 이룬 꿈
가토(加土)의 노래가
새롭게 부풀려 준다

익숙한 함박웃음이
자식들 맞아주는 어머님의
오지랖으로
부챗살 편다

사진

응고된 시간 위에
젖은 이야기 주절대고
미끄러져가는 매운 풍경
아득바득
열차 꽁무니 쫓는다
새콤달콤 세월이
오미자 용해시켜
차 한잔 권한다

선(線)

피 끓는 심장

욕심 깎아 햇살에 꿴다
염주 굴리는 차분한 손놀림
메아리로 울리는 목탁소리 염불소리
별빛 타고 중생 찾아간다
산허리 감은 흰옷의 승무
포물선 그으며 뿌리쳤다 당겨오는
삶의 이야기
짝짜그르 떠들던 농가
코 고는 소리 고르롭다

칠월칠석

가닥가닥 햇살의 씨실로
오리오리 달빛의 날실로
웨딩드레스 짠다

부푼 꿈 은하수 건너니
홀로 아리랑 길게 늘어진다

까막까치 물에 빠져
허우적거리고
견우직녀 꿈속에서
오작교 건너니
별들도 부끄러워 숨어버린 밤

문틈으로 기어든 바람
치맛자락 부풀리니
꽁꽁 여미지 못한 속옷
키드득 간지럼 탄다

원점 (외 5수)

□ 리성호

고즈넉한 초가삼간
바람에 울고
밭고랑 흰 신음
까맣게 터져 나온다

창턱 초롱꽃
방울방울 눈물 흘리는데
정처없는 흰구름 주인 잃고

허공의 메아리
부메랑 되면
살모사 허물 벗으며
흐느껴 운다

담배

목멘 연기 미쳐 춤출 때
입술에 끼운 꽁초
걸쭉한 웃음 바른다

휘청이는 허리 잡은 손가락

파르르 떤다

방울방울 기침 달려나오면
검은 한숨 하늘 닦는다

그날의 커피숍

포장된 케이크 앞에
여인은 말 잃는다
하품하는 중년남자
뒤로 쓰러질 때
지독한 술냄새
휘청이는 박카스
허리 감는다

기침

일그러진 스타일
체면 구기고

줄 끊어진 이슬
마음 적신다

휴지는 소복이
울음 울고

고목은 빨간 신음

파랗게 토한다

아픔의 극치는
찬란한 시간이다

겨울

퇴색한 색깔 눈감고 웃으면
그림자 혀 날름거리며
유혹한다
땅속으로 땅속으로
스며드는 자신(自信)
그 위에 탐스럽게 익어가는 증오
실망의 가지 끝에
빨간 고락지 채운다

밤의 옷

눈뜬 바람
노랗게 울면
대지의 잔등 어루만지는 비
조각상으로 굳어진
나그네의 미소
라이터불 깜박깜박 춤춘다
흰수염은
찢겨 나부끼는 깃발

풋옥수수 (외 2수)

□ 신영남

청치마 두른 온천
욕망이 벗겨 버린 옥체
누드로 누워서 독서한다

뜬김 너머 순정이 팔락이니
여름을 녹이던 냉면틀
웃통 젖힌 사립문 노크한다

굶주린 이빨들 발광쇼
무대에 오르던 걸그룹 놀라 넘어진다

정자에 앉아 부채질하던 끼니
서투른 숟가락질에 햇살이 비웃다

장맛비

휘파람 불며 희롱하던 더위가
장맛비에 줄행랑 꼰다

한장 미소의 난무는
꽃술의 추억

독 오른 뱃살의 한
골짝마다 누런 피 질펀하다

황소가 풀 뜯는 언덕
삼매경에 빠진 팔소매

여름 굽어 땀 파는 행복이
돋보기를 건다

8월의 하품

눈꺼풀이 파란 더위
슬 여문 졸음 뿌리다가
아낙네 말방치에 화들짝
8월 겨드랑에 은신하고

출근족 낮술엔 큰 소리 기침
첩약이 코피 흘리는
장사꾼 수완

최면술에 빠진 소낙비
혼쭐 놓은 허영

여름에 사약을 내린다
헐떡이던 계절이
기절한다

겨울 (외 3수)

□ 강성범

따뜻한 커피 한잔
손잡아 외로움 녹인다
짙은 향기 콕콕 가슴 찌르면
나풀대는 백의천사
시린 심장 감싸 안고
하늘만큼 땅만큼 생각 굴린다
그리움 껌 씹는 시간
하얗게 질려 있다

그리운 그대

밭갈이 흥타령
씨 뿌려 처녀지 간질이고
꽃구름 저 멀리 옷섶 여밀 때
가슴에 쌓아둔 장작
심장 녹여 환약 만든다
가을의 입김 하얗게 단김 토할 때
매화향기 빨간 그림자
겨울 꿈밭에 집을 짓는다

연정을 품다

밤하늘 한 조각 쭉 찢어
가을 잔등에 편지를 쓴다
바람의 엉덩이 뿔 나던 그 저녁
그리움 사리물고 사립문 열던
거쿨진 손아귀에 달빛 목 졸려 있던 기억
지줄대는 냇물소리 다시 별빛으로
찾아들 때에
붉은 종이 위에 새벽이슬 찍어 발랐다

마음

바람 따라 나래 치는 꽃향기
기다림 베어 문다
넉넉한 하늘 끝없는 평화
벌과 나비의 이야기
샛별로 수놓을 때
너울너울 춤추는 심장의 판막
고요 불러 봄을, 병풍 둘러 주었다

빗방울 (외 3수)

□ 김희자

몸이 풀잎 닦는다
한 방울 두 방울
시간의 고르로운 숨소리
햇빛이 손에 들고
달아다닌다

바람이 샤와 하다 놀라
구름으로 앞을 가리니
하늘이 얼굴 돌려
재채기한다

화가의 일상

오색 찬연한 머리채
누드의 무지개
다리 들고 서성인다

꽉 껴안은 허리
푸른 바다 출렁이어도
솔솔 다가오는 커피향

그림 꿀떡 삼키고
화가는 여인의 살찐 향기
사르르 지워버린다

숙녀의 공간

하얀 나비 머리에 내려앉아
진달래꽃 웃는다

빛살 문 학 한 마리
자유로이 춤추고
푸른 바다 지평선
꿈틀거린다

등(燈)

노오란 노을 어깨에 걸치고
바다 위를 사뿐 걸어가는
출렁이는 파도소리

저 멀리 지평선 위에
부둥켜안은 두 심장
피 끓는 영혼의 오아시스

희색(喜色) 하늘이 금시
금빛으로 밝아온다

치마 (외 2수)

□ 김춘화

덜그덕 덜그덕
물렛가락 세월 감싸는 소리
하얀 폭포 아픔 찧는다

갈피갈피 설음 녹여
배꽃 전설
가난의 어설픈 그림

찌익
큐알코드 찍는 소리에
벽화 속 처녀
물동이 버리고 발뺌
걸어나선다

기다림 한이 되어

도마 오른 잉어의 약속
새끼손가락에 걸려
팔딱거린다

마귀할멈 주문 삼킨 욕심

똬리 튼 흑구렁이 시뻘건 혀
굶주림 날름거린다

한 마리 또 한 마리…
세월의 깍지걸이
야속한 반찬, 미소로 받쳐올린다

단비

씨앗 품은 대지
가슴앓이 목마를 때

살뜰한 구름낭자
부드러운 손

천 갈래 만 갈래 간질굼에
아가눈도 반짝

사랑 안고 당실
춤바람에 신났네

그리고

□ 최옥화

크고 작은 화분
고르로운 숨소리
방 안 거닌다

벽에 매달린 풍경화
눈짓으로 재주 날린다

세계 씹는 미래가
무지개바퀴 굴린다

미소의 고통 (외 3수)

□ 리정화

노란 하늘
화려한 불꽃 속에
은구슬 맺히는 누드의 밤
터널 속 몸부림에
이슬방울 머금고
내려오는 선물의 향연

파란 물결 멜로디에
천상의 하모니 연주하며
별빛 내리는 향토에
우주를 담고 온다

꿈틀거리는 생명의 신비
산천도 환호하나니
모나리자도 은하수 타고 내려와
천사의 발에 입맞춘다

뒷모습

어둠의 장막이
이슬지고 슬픔 마신다

하나 된 거짓과 진실이
내뱉는 달콤한 입술
베일 속 뱀의 혀 세포를 깨운다

눈물 섞인 막걸리잔
이슬 속 해님과 마주치며
짜릿했던 순간 씹어 삼킨다

달빛 물든 갈대 호수에서
움켜잡는 찢어지는 가슴
들먹이는 어깨 위에 별빛이 토닥인다

안개 속 드리워진 낚시
오르는 계단에 반딧불 되어
암울한 그림자 사라진다

오 월

화장을 지우는 라일락
미련 없이 물결 위에
뚝뚝 떨어지는 꽃잎
봄을 삼켜버린
눈물 젖은 뒤안길에
멍든 가슴 고독에 우는 여인
운월(雲月)도 우수에 잠겨 흐느낀다

자줏빛 입술에 새겨진
잔혹한 추억의 달콤한 약속
이랑마다 밴 서러운 눈물

인생의 책갈피에 새겨진 거울이거늘

뜬구름 헤치니 서산마루
비취색에 머물고 싶은 석양
파란 팩 세월의 흔적에 붙인다

비바람 언덕 넘어
수줍게 물든 꽃술로
푸른 꿈 토해내며
가슴 언저리에
타오르는 석양빛을 담아본다

저녁노을

검은 물결 폭포 속 포효
열망은 심장 뽑아
신기루 쌓아간다

안개 속 사라지는 무지개
허우적거리던 손 허무 잡으면
새벽이슬 허공 머금고
초록잎새 잘근잘근 씹는다

물들지 않은, 추락한
폭풍 속 피로 흥건한
상처투성이 된 단풍잎
황토 향기 빛에 입맞춤하며
아롱진 이슬 핑크빛에 젖어든다

행복 (외 2수)

□ 김이정

가족이 힘 깔고 흔들면,
즐거움 생활의 배꼽 핥는다

노래가 너와 나를 움켜질 때
아름다움 마음 쪼갠다

따스함이
햇살 굽는다

오늘

거꾸로 걸린 텔레비전
벽을 만질 때
가슴 연 동화책, 주인공들 꺼내
줄 세운다

사랑이
선생님의 담배를 빨고
검은색
걸상을 깔고 안는다

홍차가

컵을 마신다

여행길

새파란 생각 연필 깎는다
국수가 후루룩
맛을 삼킨다

기차역 소리 칙칙폭폭
도심 울린다
헤엄치는 구름 뭉게뭉게
하늘 닦는다

콜라의 시원함, 치익~
목구멍을 뚫는다

◇ 인터뷰 ◇

상징의 복합은 인간 내심발로의 본성인가

일시: 2019년 9월 6일 오전 8:30−9:30
장소: 연길시 한성호텔 공개홀 커피숍
참가자: 김현순, 남송화, 방산옥, 배련희, 윤옥자, 로명숙
사회: 김현순
글: 로명숙

김현순:

오늘 우리는 인간의 삶에서 필수로 되는 상징을 둘러싸고 그것이 문학에서 일으키는 역할, 특히 시문학에서 일으키는 역할에 대하여 조명해보도록 하겠습니다.

이에 상응하여 오늘은 또 중국 조선족複合象徵詩 영역에서 두각을 내밀고 있는 김현순, 남송화, 방산옥, 배련희, 윤옥자, 로명숙 등 여섯 분을 모시고 인터뷰로 그 해법을 찾아보도록 하겠습니다.

김현순:

네, 여러분, 반갑습니다. 모처럼 시간을 내주셔서 고맙습니다.

일동:

네, 반갑습니다. (서로들 악수하며 인사 나누기에 바쁘다.)

남송화:

아, 오늘 참 좋은 시간이 될 것 같아서 기쁘네요. 근데 우선 상징의 유래부터 먼저 짚고 넘어가야 하지 않을까 하는 생각을 가져보는데요.

김현순:

당연 그리 해야죠. 기실 우리 인간은 태초에 감춤이란 건 없었지요, 모든 건 적라나라하게 드러내던 데로부터 문명이 개입되면서 인간은 서서히 자신을 감추는 지혜를 터득하게 되었습니다. 이러한 삶의 욕구가 인간으로 하여금 내심의 발로를 에둘러 또는 굴절 내지 변형시켜 표현하게 하는, 즉 상징의 기법을 필수로 하게 만들었지요.

배련희:

그렇다면 상징이 우리 시문학에서 어떤 작용을 일으키며 상징의 복합적인 구성은 우리 시문학에서 어느 정도 필요한 것일까요?

방산옥:

저는 그에 대하여 이렇게 생각해봅니다만. 인간이란 결국 일상에서 자신의 내심을 쉽게 드러내지 않게 되지요. 그것은 감춤의 표현이라고 봐야겠지요. 김현순 회장님이 늘 말씀하시지만 인간 심성을 그대로 아무 거리낌 없이 쉽게 발설하는 사람들을 우리는 경박하다거나 신중하지 못하다고 하게 되지요. 반면에 말수가 무겁고 내심의 발로를 자제하는 사람들을 우리는 웅숭깊다거나 신중하다고 말들 하지요. 물론 속이 텅 비어서 할 말이 없어 입을 꾹 다물고 있는 경우와는 다르지만…

김현순:

참으로 일리 있는 말씀입니다. 인간이란 살면서 자신을 부단히 멋스럽게, 다시 말씀 드린다면 자신을 매너 넘치고 센스 있는 존재로 세상에 과시하기 위하여 애를 쓰지요. 그것이 인간들로 하여금 직설보다는 상징으로, 보다 예술적인 타입으로 자신을 포장해 만든다고 봅니다.

로명숙:

그러고 보니 지난 한시기 리얼한 세상에 살면서 우리의 적지 않은 시인들은 직설을 밥먹듯이 해왔는데 그건 잘못된 건가요? 어찌 보면 직설로 된 많은 시문학작품들도 명작으로 남아 있는 것도 사실이 아닌가 싶습니다만.

김현순:

참 적시적인 질문을 잘 제기하였다고 봅니다. 러시아의 푸시킨이라거나 인도의 타고르, 조선의 조기천과 같은 시인들의 적지 않은 명시들은 직설로 되어 있는 것들이 있습니다. 그럼에도 불구하고 오늘날에는 직설보다 상징을 더 선호하는 데는 그에 따른 이유들이 있을 텐데요.

남송화:

직설과 상징은 시대적 흐름을 탄다고 봐야겠지요. 총알과 대포알이 쓩쓩 날아오는 판에 언제 넥타이 매고 점잖게 자신의 내심을 상징으로 표현할 여유가 있겠습니까. 그러니까 생사가 오락가락하는 전쟁판에선 무엇보다도 직설이 우선이다 그 말씀입니다. 하지만 평화시대엔 모든 게 보다 여유가 생기기 때문에 삶에도 다채로운 조미료가 필요한 것이지요. 가령 배고픈 시절, 떡 한 그릇이 생기면 아무 고려도 없이 먼저 배를 불리는 것이 우선이겠지만, 요즘같이 어느 정도 여유가 생길 때엔 같은 떡이라도 어떻게 하면 더 맛있게 더 다양하게 만들어 구미를 당기게 할까 하는 것이 한 걸음 앞서게 된다고 생각합니다.

배련희:

그러니까 여유가 상징을 필요한다는 말씀이시군요. 저도 그 점 동감입니다. 오늘날 시대는 바로 그런 여유, 그런 상징이 필요한 시대라고 인지하고 있습니다.

방산옥:

정말 좋은 말씀들이십니다. 그런데 그런 상징은 바로 관념이나 이념보다 형상으로 펼쳐보여야 더욱 설복력이 있다는 점 말씀드리고 싶습니다. 가령 어떤 사람이 지구의 생태환경을 지키는 것은 사람마다 의무가 있다는 것을 메가폰을 들고 거리마다 돌아다니며, 매일 선전한다면 사람들은 나중에 소음으로 여길지도 모른다는 것입니다. 그러나 도심의 공공버스정거장마다 생태환경이 파괴되어 몸살 앓는 지구의 피폐해진 끔직한 모습들을 그림으로 그려 붙여놓는다면, 사람들이 그 그림을 보고 저절로 사태의 엄중성을 깨닫고 스스로 생태환경을 지켜나가게끔 촉동하는 놀라운 위력을 가지게끔 되지요.

윤옥자:

그것이 바로 이념이나 관념보다 형상이 더 설복력 있다는 좋은 사례라고 봅니다. 그런데 그러한 형상은 우리 시문학에서는 언어로 그려내야겠지요. 이것이 바로 시에서의 언어의 가시화라고 생각합니다.

로명숙:

그러고 보니 시대가 상징을 수요하고 그 상징이 언어의 가시화된 형상을 요구하는 것이라고 봐도 되겠군요.

남송화:

그러나 전쟁연대 싸움판이라고 해서 직설이 필요한 건 사실이겠지만 그것이 결코 다 예술인 것만은 아니라고 봅니다. 직설의 많은 경우엔 구호 내지 삶의 용어가 많게 됩니다. 구호 내지 삶의 용어는 사람들 가슴에 쉽게 와 닿으면서 힘을 주고 박력 넘치는 선동성을 가지게 됩니다. 하지만 그것이 예술로 승화되자면 진일보로 되는 업그레이드되는 진통을 겪어야 한다고 봅니다.

김현순:

남송화 시인의 말씀에 저도 한 표 던지겠습니다.

대중들에게 쉽게 다가서는 것이라면 노래보다 더 좋은 것이 없다고 봅니다. 하지만 노래에도 여러 갈래가 있다고 봅니다. 듣는 사람의 경력, 지식결구, 미학관에 따라 선택하는 경우도 달라지게 된다는 말씀이 되겠습니다. 밭에서 소궁둥이 두드리며 일하는 감농군들에게는 물독에다 바가지 엎어놓고 손바닥으로 두드려대며 성수나게 불러대는 민요가락이 제격이겠지만 넥타이 매고 점잖 빼는 인테리들에겐 교향악 같은 명곡이 구미에 맞을 겁니다.

그러니 어떤 유형의 예술을 선택하느냐 하는 자신의 출발점이 자못 중요하다고 봅니다.

상징시는 현대인들의 미적 세계 추구를 동반한 모든 면에서 여유가 있는 사람들이 하는 사치스런 짓거리라고 볼 수 있다고 저는 인식하고 있습니다. 이런 멋과 사치의 추구는 또한 인간본성의 발로이기도 하구요.

윤옥자:

김 회장님께서 정곡을 찔렀다고 봅니다. 인간의 그런 본성이 바로 상징을 수요로 하며 상징은 또한 형상을 통한 표현을 필수로 하지요.

로명숙:

그런데 말씀입니다만, 현대인들은 또 자극을 많이 추구하지요. 부단히 신선한 자극을 추구하는 것 또한 인간의 본성이 아닐까요. 자극을 불러일으키자면 생소하고 낯선 것이 우선이라고 봐야겠지요. 그자자면 또 도식화된, 관습화된 율을 깨뜨리고 새로운 율을 세우는 것도 중요하고…

남송화:

그러니까 그러자면 변형이 급선무로 나선다고 봅니다. 변형이란 기존의 모든 것을 굴절 내지 해체를 시키고 그것을 다시 새롭게 모형을 잡아주는 것이라고 보시면 되겠지요. 그러한 변형은 또 어디까지나 신선함을 주는 적극적인 변형이어야 하고…

김현순:

지당한 말씀입니다. 거기에 한마디 더 보탠다면 변형된 상관물의 가시화는 또 능동적이야 한다고 말씀하고 싶군요. 능동적이란 살아 꿈틀거리는 생명력을 가진다는 의미가 됩니다. 오직 살아 있는 것들만이 활력소가 넘쳐납니다. 생선을 회 쳐 먹어도 펄떡이는 것을 먹어야 제격 아닙니까.

일동: (웃음바다)

배련희:

그런데 말입니다만 단순 상징보다 複合象徵이 왜 필요하냐는 문제가 제기되는군요.

김현순:

그에 대해서 말씀드린다면, 세상 자체는 워낙 복합적 구성으로 이룩되어 있지 않고 뭐예요. 인간의 육체도 눈, 귀, 코, 입… 등으로 복합적 구성을 이루고 있습니다. 그렇게 따져 보면 세상 그 어느 것 하나 복합이 되어 있지 않은 게 라고 없습니다. 문학에서는 하나의 사상 내지 내용만을 딱 틀어쥐고 상징으로 펼쳐나가는 경우도 있지만 거개의 경우엔 단순 상징이라 하여도 결국 상관물들의 복합 사용을 피면하기 어려운 것이라고 봅니다. 이러한 특성들이 複合象徵을 필수로 하게 된다고 봐야겠지요.

배련희:

그래서 인간의 복잡한 심리활동도 결국 複合象徵을 떠날 수 없고, 그러한 상징들은 또 내재적 연결고리에 의하여 하나의 정체성을 이루면서 화자의 정신적, 다시 말하면 영혼의 경지를 보여주는 것이라고 인식해야겠네요.

방산옥:

그러니 複合象徵이란 인간심성의 내심발로라고 하는 건 어디까지나 맞는 말씀이라는 결론이 서게 되는군요.

일동:

(수긍하는 통쾌한 웃음소리.)

김현순:

오늘 보귀한 말씀들을 아낌없이 주신 여러분, 대단히 감사합니다. 複合象徵詩는 이 세상에 처음으로 나타난 신시혁명의 산물입니다. 複合象徵詩가 금후 과연 어떤 방향으로, 어떤 양식(樣式)으로 자신의 위상을 굳건히 자리매김을 할 것인지는 오늘 모신 여러분들의 공동한 탐구와 노력에 의하여 그 운명이 좌우지된다고 생각하고 있습니다. 금후 複合象

徵詩의 한길에서 여러분 더욱 손을 꽉 잡고 힘차게 나아갈 것을 기대하면서 오늘의 대담 여기에서 막을 내리겠습니다.

여러분, 수고하셨습니다. 감사합니다.

손 · 1 (외 3수)

□ 후 안

얄미운 바람이
슬그머니 가슴 만지는데
싫지 않은 느낌 전율 즐긴다

훑어내리는 부드러움
신음 꼬집어내는데
혼은 육신 떠나
공중에서 육갑 떨고

어제와 오늘이 엇갈리고
사랑과 미움이 뒤섞이고
기쁨과 슬픔이 탱고 춘다

손 · 2

떠난 줄 알았던 청춘
추억 더듬으면
무릎 앉아 애교 부리는
지난날

세월의 윤택 나는 머리

행복에 겨워
흐느낌 뱉어낸다

우르르 쏟아지는 별들
어둡던 현재가
밝은 빛 토해내고

달은
의아한 눈 슴뻑인다

강에서 달려오는 부름소리
까만 귀밑머리 나래치는 꿈
이부자리 편다

손 · 3

별빛의 문기척소리에
밤이 열리면
과거가 앉아 역사 외운다

푸른 청춘 너머
아른거리는 소년 소녀
버드나무 밑 약속 걸고

가까이 강가 구석진 곳
불타는 영혼 누드영화 돌린다

안타까운 몸짓 바람 들썩이면
갈대의 노래 고개 넘는다

바다로 달려가는 환희
절정 기어오르고
아쉬움의 거친 숨소리
고요함 깨뜨린다

식어가는 땀
즐거운 애무
나란히 눕는다

손 · 4

가슴 쥐어뜯는
황진이 가야금소리
흐르던 벽계수 발길 잡고

촉석루엔
논개의 혼 꽃으로 춤춘다

광환루엔
일편단심 춘향
전설로 살아 숨 쉬고

효녀 심청은 옛날이야기
초롱불 들고도 찾을 수 없다

기억에 사는 세월 유정하고
역사 까맣게 잊고 사는
인간무정 불쌍코나

눈물 (외 3수)

□ 황향숙

숨 막혀 뛰쳐나온 가슴 깊이
암초에 부딪친 조각배 한 척
부서져 떠 있다

부리 빨간 새들
가슴 찢어 하늘 허비고
파도 물고 구름 속 달린다

입 다문 바다의 입가에
찬바람 깃 펴고
진액의 허공 속
비릿한 냄새가 만진다

가을

머리에 단풍핀 꽂고
그곳엔 소녀
바람 딛고 있었다
나무 밑 산책
산열매가 빨갛게 웃음 토하고
옷깃 스치며

바람 휭하니 꼬리 접고 빠져나갈 때
핼끔핼끔 훔쳐보던 여름의 눈동자
면사포가 시간 가려주었다
산열매가 떠난 자리에
마른 잎 그네 타면
그곳에도, 삶이
헐떡헐떡
숨결 움켜주고 있었다

열린 문틈

살짝 열린 틈으로
냄새가 우르르 흘러나왔다
또 다른 향기
밀고 들어가려 시도했다
아웅다웅 밀치락거리는 사이
문이 너덜너덜해졌다
더 커진 욕망의 입
시커먼 집 안이 들여다보였다
더러워진 옷 걸친 공기가
사립 밖 감돌며 기웃거린다

유에스비

저장한 파일 네 개
채색의 가슴 열고
회억이 손잡아 끈다

사탕 발린 커튼 연녹색 창엔
향긋한 미소 반짝이고
초록색 나무 위 청푸른 하늘에
수리개 난다
산불 치닫는 광야
오렌지 노을에 물든
지평선 저 멀리
이번엔 무엇 넣을까
빛들의 반란, 고민 엮는다

병실

어둠도
먹히우고 있었다
이불 사이로 시린 바람
얼음 안고 들어와
몸을 녹인다
침대에 내려앉은 반딧불
억센 손아귀에 끌려
시커먼 동굴로 가물가물
꺼져버린다
가루로 침대에 붙어버려
사그라지는
또 하나의 반뜩임…

또 하나의 사랑 (외 4수)

□ 문 초

무어냐고 물으신다면
그리움 찢긴 아픔이라 답하겠습니다
슬픔 나부끼는 깃발이라
여쭤올리겠습니다
꼬깃꼬깃 감춰둔 이슬방울
반짝 빛나는 청보석이라
받쳐올리겠습니다
묻지 않으신다면, 갈대의 흐느낌으로
가을하늘 파랗게 닦아가겠습니다
봄 오는 들판에 천사의 미소로
참나리 개나리 아름아름 피워
오시는 길 향기 깔아드리겠습니다
바람은 냇물 타고 노래 부르고
구름 위에 올라앉아 그림자 먼 길 떠날제
별빛이여 달빛이여, 지구에 앉아
시간마차 몰며 몰며
잠 깬 우주 전율하며 달리게 하겠습니다

혀가 돌지 않는 것은

굳어 있기 때문이다 그보다도

죽어 있기 때문이다 그보다도
모르는 체하기 때문이다 그보다도
정말 모르기 때문이다 그보다도
아아아아…

이름은 존재를 잊고
시간은 아픔을 먹고
추억은 그림자 찢고
아아아아…

뻣뻣한 입술 비칠대는 것은
목구멍 가득 타고 남은 재가
이별의 애수 덮어주기 때문이다

이 아침도 녹슨 남성
후려치고 달아나는
산타 마리아 섬섬옥수에
가시 찔린 장미 한 송이
속살 여며 피를 토하기 때문이다

원점

젊음이여
생채기의 떫은 미소여
핥고 지난 입가에 겨울 묻어라
곱대거리 반뜩이며 나래쳐가는
매무새의 빛발이여
구름 되어 떠나라
하품의 역사, 호수의 정적이여…

반딧불 깜박이는 기억의 둔덕에
꿀 먹고 아픔 흘러라
드리운 치마 접어올려
삭풍 이는 봄
반짝이는 나이테 손에 들고
계단 오르며
청춘이여 반역이여
평화의 날갯죽지에서 날아내려라
이슬의 꽃으로 고요 훔쳐라

눈[眼]

가장 어두운 곳에서 기침하며
빛이 걸어나온다
창백한 블랙홀의 유혹
초리 끝에 이슬방울 그네 탈 때도 있었다
가진 것 모조리 움켜쥐고 외나무다리 건널 때
타임머신 배꼽에 입맞추고
확대경 꽂아두는 팻말도 있었다
텔레파시의 물음 희멀건 우주 감싸 안을 때
보얀 욕망에 싸여 아침이 돌아가고
미역국 한 사발에 쩝쩝 입맛 다시는
들장미 눈물 소리도
자궁벽 노오랗게 핥아주고 있었다
들깨맛 고소함 모르는 이 있냐고
하늘이 내려와 마사지하며
푸르게, 짙푸르게 웃음 감춘다
감았다 뜨면 천년세월 잉크병에
꽃이 핀다 아느니…

새벽

별빛 닫고 어둠은 흘러라
창백한 구름 몸져눕는 순간에도
바람은 설렘 잊지 않았으리
발그레 피어오르는 부끄러움
동쪽 하늘 모락모락 불 질러 놓고
그림자 일으켜 세워 얼굴 가리는
낭랑 십팔 세

파도의 사무침 노래 되어 수줍음 누르면
드디어 고개 드는 새색시 섬섬옥수
연륜의 탄생은 그렇게 풋잠 옷 벗는
찬란함으로 매끄러웠으리

이제 날은 차고
물소리 새소리 깎지 걸어 입맞춤할 때
길은 지퍼 열고 허벅지
감출지리니

꼬리치는 시간의 전율
시공(時空)하늘에 눈이 내리네

☆ 단평 ☆

화폭상징의 能動的可視化

□ 자 옥

시 쓰기에서 '화폭상징의 能動的可視化'란 상징의 언어로 그리는 움직이는 그림을 보여주는 것이라 말할 수 있다.

나무는 가지를 뻗을 때 어떤 모양을 생각하고 뻗는 것은 아니다. 맘껏 뻗다 보니 자연스런 각각의 모양이 되듯이 우리가 쓰는 화폭의 상징시도 이런 자유분방함 속에서 남들이 미처 생각지 못했던 차원을 만들 수 있다는 것이다. 그 표현은 명사나 동사에서 결정되며 동사는 살아 있는 언어여야 하며 살아 있는 이미지를 표현해주되 시의 본의와 연관시키기 위한 표면적·이면적 연결고리가 있어야 한다. 아무리 철학적 문장, 아무리 금언(金言)의 문장이라고 해도 본의와의 연관성이 전혀 없다면 그것은 낙엽이며 시의 본의와는 상관없는 존재일 뿐이다.

그럼 아래 후안 시인이 쓴 계열시 "손"에서 네 번째 시만을 놓고 분석해보기로 하자.

가슴 쥐어뜯는
황진이 가야금소리
흐르던 벽계수 발길 잡고

촉석루엔
논개의 혼, 꽃으로 춤춘다

광환루엔

일편단심 춘향
전설로 살아 숨 쉬고

효녀 심청은 옛날이야기
초롱불 들고도 찾을 수 없다

기억에 사는 세월 유정하고
역사 까맣게 잊고 사는
인간무정 불쌍코나

이것이 시의 전문이다. 시 첫 연을 보면 "가슴 쥐어뜯는/ 황진이 가야금소리/ 흐르던 벽계수 발길 잡고"이다.

시인은 흐르는 물소리를 가슴 쥐어뜯는 황진이 가야금소리로 상징했다. 차원 높은 놀라운 상상력이다. 이 구절을 다시 읽노라면 마치도 맑은 계곡물 흐르는 돌 위에 앉아, 머리를 곱게 틀어 올린 황진이가 백옥 같은 손으로 가야금을 튕기는 한 폭의 그림을 감상하는 것 같다.

두 번째 연은 "초석루엔/ 논개의 혼, 꽃으로 춤춘다"이다. 시인은 초석루에 핀 예쁜 꽃을 보고 임진왜란 때 적장을 안고 남강에 뛰어든 논개의 혼으로 상징했다. 우리는 이 두 줄의 시줄에서 한 여인의 애국의 정신을 화폭을 넘어선 동영상으로 보는 것 같고 시인의 마음까지도 보는 것 같다.

셋, 넷, 다섯 번째 연에서 시인은 일편단심 춘향 같은 사람은 전설에만 있고 효녀 심청 같은 사람은 초롱불 들고도 찾을 수 없다고 하며 도덕이 무너지고 물질문명만 추구하는 현실을 개탄했다.

"시는 언어로 그리는 그림"이라는 개념을 생각한다면 언어를 통해 그림을 그리듯이 시를 가시화해야 한다. 그 가시화된 그림 속에는 화자가 나타내고자 하는 주제성이나 메시지가 있겠지만, 그림 자체엔 관념이 존재하지 않는다. 보는 사람에 따라 그림 속에 담긴 관념을 금을 캐듯 채취하는 것이다. 하나의 시 속엔 철학의 광맥이 필요하다. 그 관념성은 지상에서 볼 수 없는 광맥처럼 숨겨진 존재이다. 잘 표현된 시 속엔 철학과 사상, 이념의 고차원적인 광맥이 숨겨져 있어야 하되 그것이 겉으로 드러나지 않을 때 시의 깊이를 느낄 수 있다.

표현 속에 관념을 감추고 심오한 깊이를 보여준 후안 시인이 쓴 시 "손"을 '화폭상징의 能動的可視化'된 시라고 높이 평가하고 싶다.

자옥 약력:

본명 윤옥자. 1948년 8월 15일 도문시 출생. 노동자, 유치원 교양원으로 사업.
중국 複合象徵詩동인회 회원, 詩夢잡지 편집위원.
중국 연변조선족자치주조선족아동문학학회 회원.
수필, 시 등 문학작품 발표 다수.
윤동주문학상 수상.

☆ 단평 ☆

스토리상징의 변형된 가상세계

□ 오랍누이

인간은 현실에서 떠나 가상세계에서 살고 싶은 마음이 있다. 하여 우리 신변에 대중화된 시가 아닌 상징시, 트로트가 아닌 힙합, 풍경화가 아닌 추상화 등 전통의 벽을 허문 상징의 산물들이 시대 발전과 더불어 육속 출현하게 된 것이다.

이 외에도 진짜 같은 가상세계를 체험할 수 있는 VR, 3D, 4D… 등 입체영화들이 각광을 받고 있으며 이제는 입체영화의 스토리조차 현실과 가상이 하나가 되어 가상세계는 어찌 보면 우리의 일상적인 삶의 일부로 되어 있다.

황향숙 님의 5수의 複合象徵詩는 상징의 변형으로 즉 환각의 흐름으로 시 속에 흐르는 정감을 아주 잘 보여주고 있다. 상징을 스토리로 보여주면서 정적인 사물을 동적으로, 추상적인 것을 형상적으로, 즉 能動的可視化로 잘 보여주었다.

複合象徵詩는 독자들의 감수성에 의해 여러 가지 해법을 갖게 되는데 아래 그 경우를 황향숙 님의 작품세계로 열어 보기로 한다.

시 "눈물"의 제1연에서 시인은 "숨 막혀 뛰쳐나온 가슴 깊이/ 암초에 부딪친 조각배 한 척/ 부서져 떠 있다."로 현실의 감당키 어려운 압력하에 해탈을 시도했으나 역시 좌절을 겪게 됨을 밝히고 있다.

제2연에서 워낙 부리 빨간 고운 새들이었건만 찢긴 현실 속에서 하소연할 데 없어 걷잡을 수 없는 격차 높은 정서를 안고 망망한 고통 속을 방황하게 됨을 "부리 빨간 새들/ 가슴 찢어 하늘 허비고/ 파도 물고 구름 속 달린다"로 표현하였다.

그러나 이러한 현실은 냉정하고 진실한 감정 없이 허망함, 살벌함뿐임을 한탄하며 “입 다문 바다의 입가에/ 찬바람 깃 펴고/ 진액의 허공 속/ 비릿한 냄새가 만진다”로 표현하였는데 여기서 ‘입 다문 바다’는 냉정한 현실을, ‘비릿한 냄새’는 세상살이의 살벌함을 나타낸 것이라고 볼 수 있겠다. 이렇게 시인은 ‘암초에 부딪친 조각배, 부리 빨간 새, 바다의 찬바람’이라는 상관물들을 틀어쥐고 이미 걸어온 발자취를 뒤돌아보며 지치고 힘들었던 인생길, 냉정한 현실을 하소연하고 있다.

“유에스비” 제1연에서는 “저장한 파일 네 개/ 채색의 가슴 열고/ 회억이 손잡아 끈다”로 소중함으로 채워진 나만의 추억이 수시로 나를 아름다운 추억에 잠기게 함을 표현하고 있다. 여기에서 ‘파일 네 개’는 소중한 추억을, ‘채색의 가슴’은 아름다운 추억을 가리킬 것이다.

제2연에서 “사탕 발린 커튼 연녹색 창엔/ 향긋한 미소 반짝이고/ 초록색 나무 위 청푸른 하늘에/ 수리개 난다”로 지난 한시절, 세상을 주름잡던 아름다운 나날들이 있었음을 표현하고 있다.

3연에서는 내 여생에 또 어떤 황홀한 이야기를 엮을까 하는 욕망으로 희망적인 역전을 가져오는데 우리 일상의 USB를 빌려 인생을 살아감에 있어서의 마음의 그릇을 변형과 상징으로 잘 보여주었다.

이 외에 시 “병실”에서는 마음의 구심점은 병원에서 빛 찾아 모질음 쓴다는 것을 “시린 바람도/ 몸을 녹이려 한다”고 표현했으며 생명의 불이 꺼져 버려 일루의 희망마저 가물거리는 비참함을 읊조리다가 나중에 죽어가는 모든 것은 또 하나의 깨달음이 된다는 윤회의 깊은 철학사상을 깔아주고 있다.

시 “열린 문틈”에서도 현대인의 끝없이 팽창되는 탐욕을 “살짝 열린 틈으로/우르르 흘러나오는 냄새”에 비겨 “아웅다웅 밀치락거리는 사이/문이 너덜너덜”해지고 “더 커진 욕망의 입/ 시커먼 집 안이 들여다보였다”로 탐욕의 인생섭리를 생동하게 그려 보이고 있다.

시 “가을”에서는 “산열매가 빨갛게 웃음 토하고/ 옷깃 스치며/ 바람 휭 하니/ 꼬리 접고 빠져나갈 때"로 완연한 가을의 풍경을 안겨주었고 "산열매가 떠난 자리에/ 마른 잎 그네 타면/ 그곳에서도 삶이/ 헐떡헐떡/ 숨결 움켜주고 있었다"로 낙엽이 흩날리는 좀 쓸쓸한 기분을 안겨주는, 늦가을도 새로운 계절을 맞이하는 또 다른 의미에서의 시작임을 변형의 환각을 통해 잘 보여주었다.

화자는 영혼의 경지를 보여줌에 있어서 우리가 익숙히 아는 주변의 '산열매, 바람, 마른 잎' 등 상관물을 빌려 화자의 내심경지를 펼쳐보이고 그것을 굴절과 변형, 환각을 통해 보여주었는데 이 점이 아주 잘 되었다고 본다. "그곳에서도 삶이/ 헐떡헐떡/ 숨결 움켜쥐고 있었다."에서 시인의 달관정서가 잘 표현되었다. 그러므로 이 시는 한 수의 아름다운 인생찬가라고 볼 수 있을 것이다.

독창적인 감각과 날카로운 통찰, 빼어난 언어연금술로 화자가 그려낸 소박하고 정감 어린 상징의 그림은 우리 모두의 이야기로 다가와 가슴을 울린다.

"가상세계를 알면 현실세계가 열린다"는 책제목도 있듯이 지금 複合象徵詩는 여러 개의 상관물을 동원하여 하나의 정체를 이루면서 예술로 부상시키는 고차원의 앞선 시로 자리매김하고 있다고 봐야 할 것이다.

황향숙 님께서 출렁이는 자유와 잠시 잠깐 짭짤한 외로움에 머무르는 중년의 여류시인으로서 새로운 맛과 멋의 묘미를 갖춘 이미지로 複合象徵詩의 신선함과 생명력을 계속 푸르싱싱 가꿔가기를 바라는 마음이다.

오랍누이 약력:

본명 배련희. 1971년생.
중국 조선족複合象徵詩동인회 詩夢잡지사 편집위원.
중국 연변조선족아동문학학회 사무국장.
시, 시조, 수필 수 편 발표.
현재 연길시공원소학교 교원.

☆ 단평 ☆

서정의 흐름을 탄 환각세계

□ 목 화

複合象徵詩 양상(樣相)을 볼 때 가장 굵은 세 가지 주되는 줄기를 볼 수 있다. 그것이 바로 서정의 흐름을 탄 상징과 화폭의 상징 및 스토리식 상징이다.

문초 시인의 시는 자신의 감동과 정서를 주관적으로 보여주는 기존의 서정시와는 달리 마음으로 마음을 읽는 또 다른 차원의 서정을 보여주고 있다. 마음으로 마음을 읽는다는 것은 첫 번째 마음은 독자와 시인의 주체적 심령을 가리키고 두 번째 마음은 바로 주체적 심령을 통해 굴절되어 비쳐지는 심령 안의 또 다른 환각세계를 펼쳐주는 구체적인 이미지들을 말한다. 그러므로 문초 시인은 주관정서를 객관적 사물로 변형시켜 그것을 또다시 예술로 승화시키는 고난도의 시창작법을 연구한 개척자라고 할 수 있다.

문초 시인의 작품을 보면 가장 뚜렷하게 눈에 띄는 점이 있다. 바로 시어의 활용이 화려하다는 것이다. 시는 모든 예술의 최고위에 있는 가장 순수하고도 고차원적인 예술의 통합이라고 봐야 할 것이다. 시인이라면 정서의 운용도 중요하지만 어떻게 하면 가장 아름답고 함축적인 언어로 그 정서를 표현하는가도 중요하다. 그러자면 우선 시인의 풍부한 지식과 언어를 다루는 능력이 필요하다. 이는 오랜 시간을 들여 닦은 내공을 전제조건으로 한다. 이 점에서 볼 때 시어를 자유자재로 다루는 문초 시인에게 탄복하지 않을 수 없다.

시어 사용이 지나치게 화려하면 사람들은 언어장난에 불과하다고 말하기 쉽다. 하지만 문초 시인의 시를 읽노라면 이런 화려한 시어 뒤에 숨은 깊은 내재적 정서를 느낄 수 있다. 문초 시인의 서정의 깊이는 바다와 같고 넓은 우주와도 같다. 읽는 이로 하여금 깊은 바다에 빠져 허우적거리기도 하고 넓은 우주의 품에서 마음껏 나래 치고 싶은 감정을 금할 수가 없다.

문초 시인의 "또 하나의 사랑"은 임에게 자신의 모든 순정을 다 바치려는 마음을 서정의 극치로 보여주고 있는 전형적인 서정의 흐름을 탄 複合象徵詩라고 할 수 있다. 상징물의 변형을 통하여 서정의 가시화를 보여준 재치 있는 표현기법이라고 할 수 있겠다. "시간마차 몰며 몰며/잠 깬 우주 전율하며 달리게 하겠습니다"라는 시구는 사랑하는 임을 위해서라면 하늘의 별도 달도 따다 줄 마음으로 모든 힘을 다 바치려는 화자의 절절한 부르짖음이 눈앞에 진한 기폭으로 나부끼고 있다. 누구에게나 한 번쯤은 있을 법한 그런 순정을 複合象徵으로 잘 펼쳐보여주고 있다.

시 "원점"에서 "젊음이여/ 생채기의 떫은 미소여/"란 시구는 젊음의 인생살이에서 부딪친 고뇌, 그러나 자신의 고통을 씹어 삼키면서 현실과 조화를 이루기 위해 가면으 뒤집어쓰고 웃어야만 하는 쓰라림을 변형된 굴절로 생동하게 상징시켜 표현하고 있다. 그렇게 하루를 살다 보면 가슴은 겨울처럼 얼어들기만 하고, 그러한 고통스런 나날들이 하루하루를 계주봉 이어받듯 곱대거리 번뜩이며 나래쳐갈 때 그 속에서 해탈하려는 몸부림의 목소리가 "구름 되어 떠나고" 싶은 갈망을 절절히 토로하였다. "청춘이여 반역이여/ 평화의 날갯죽지에서 날아내려라/ 이슬의 꽃으로 고요 훔쳐라"라는 시구는 세상에 대한 불만 같은 것은 긍정적인 삶의 자세에 한데 섞이지 말고 맑은 심성으로 삶의 평화를 찾으라는 화자의 깊은 경지를 보여주고 있다.

시 "원점"은 삶을 살아감에 있어서 갖은 고난과 시련 속에서도 초심만 잃지 말라는 화자의 깊은 철학적 함의를 내포하고 있다. 특히 감성메아리가 깊어서 읽는 이의 가슴팍을 힘차게 두드려주는 시이다.

문초 시인의 시를 읽노라면 무릎을 탁 치게 하는 기발한 표현력과 상상력에 감탄을 금할 수가 없다. 또한 그의 환각세계에 나오는 변형된 이미지들의 조합을 통하여 시인의 순수하면서도 고상한 영혼의 깊이를 꿰뚫어볼 수 있다. 위대한 시인이라면 훌륭한 예술가인 동시에 철학가이며 사상가이기도 해야 할 것이다. 희망컨대 문초 시인이 앞으로의 複合象徵詩 영역에서 더욱 눈부신 활약을 펼쳐주리라 믿어 마지않는다.

목화 약력:

본명 남송화. 1972년 중국 길림성 안도현 출생. 연변대학 일본어전업 졸업, 선후로 조선족중학교, 연변대학 교사로 근무.
연변조선족자치주조선족아동문학학회 부회장.
중국 조선족複合象徵詩동인회 부회장.
詩夢시잡지사 편집장.

◈ **2019년 8월 19일**

중국조선족複合象徵詩동인회, 기관잡지 ≪詩夢≫ 창간기획에 관한 토론회의가 중국 길림성 연길시 방생진료소 방산옥 원장의 사무실에서 열렸다.

모임에서 김현순 회장은 複合象徵詩동인회는 複合象徵詩를 추구하는 동호인들의 집합체로서 글로벌시대 세기의 장을 열어가는 신시혁명이라고 역점 찍어 말하면서 동인회의 간부 몇 명을 선정하고 동인회규약초안을 토론, 결정짓고 동인회의 조직기구 및 그에 따르는 임원명단을 공포하고 詩夢잡지 창간계획안을 심의, 결정지었다.

이번 모임에는 김현순, 방산옥, 남송화, 배소윤이 참석하여 금후 사업의 핵심을 이루기로 하였다.

◈ **2019년 8월 23일**

시몽동인회 複合象徵詩 약론에 대한 김현순 회장의 특별강의가 중국 길림성 룡정시에서 있었다. 7명의 동인들을 상대로 윤옥자 선생님의 개인저택에서 화끈하게 무려 세 시간 푼히 진행되었다.

김현순 회장은 複合象徵詩의 약론을 다섯 가지 내용으로 개괄하여 설명하였고 강의를 마친 뒤 회원들로 하여금 즉석에서 시습작 훈련을 통하여 複合象徵詩 쓰기에 한 걸음 더 가까워지게 하였다.

◈ **2019년 8월 31일**

중국조선족複合象徵詩동인회 창립식이 한성호텔에서 있었다. 도합 23명의 동인들 가운데서 피치 못할 사정으로 함께하지 못한 6명을 제외한 17명의 우렁찬 박수갈채 속에서 동인회는 세상에 고고성을 울리게 되었다.

김현순 회장은 複合象徵詩는 영혼의 흐름을 타는 영혼활동의 산물이라는 발언을 하였으며 방산옥 명예회장을 비롯한 회원 모두 複合象徵詩에 대한 각자의 견해와 감정들을 토로하면서 한마음 한뜻으로 한가족이라는 이념으로 똘똘 뭉쳐 나가겠다는 다짐으로 성립대회의 성스러움을 장식하였다.

◈ 2019년 9월 6일

중국조선족複合象徵詩동인회 명예회장이며 방생진료소 원장인 방산옥 님의 첫 複合象徵詩집 ≪仁+情≫ 출간식이 한성호텔에서 있었다.

김현순 회장은 리얼리즘 계열의 시와는 달리 온통 상징으로 도배되어 있고 또한 성(性)을 통한 생식건강의 위대함이 시문학과의 접목으로 거듭나게 하는 데 기초작업을 실행했다는 점에서 엄지손가락을 뽑아 칭찬을 아끼지 않는 바라고 극찬하였다.

모임에 참석한 동인 17명은 74세의 고령임에도 문학열정이 활활 불타오르는 방산옥 님의 센스 있는 문학정신에 뜨거운 박수를 보냈다.

◈ 2019년 10월 10일

詩夢잡지 편집진에서는 창간호 편집을 끝내고 출판에 교부하기 전 잡지내용과 형식에 대한 최종 검토의 시각을 가졌다.

모임에는 김현순, 방산옥, 남송화, 배련희, 윤옥자, 로명숙, 배소윤 등 7명의 편집부 전원이 참석한 가운데서 금후 複合象徵詩의 보급과 새로운 유파 개척에서 창간호가 가질 역사적 사명에 대하여 충분한 긍정을 함과 더불어 금후 잡지내용의 건전함과 다양성을 충실히 할 데 대한 견해들도 주고받으면서 새로운 결심들로 꽃을 피웠다.

(소식정리: 배소윤)

동트는 새벽의 하늘엔 새소리가…

시는 마음의 노래이며 그림이라고들 한다. 그렇다면 마음은 어데서 오는 것일까. 마음이란 영혼에서 비롯된다고 해야 할 것이다. 영혼의 가르침대로 마음이 움직이며, 마음은 곧 육체의 언행으로 그 樣相을 드러내기도 한다. 어떤 마음은 아예 그 樣相을 속으로 묵새기는 경우도 있다.

複合象徵詩는 인간의 마음속에서 일어나는 정서활동을 통한 영혼의 경지를 能動的可視化의 기법을 통하여 세상에 전달하며 그 속에서 내재적 연결고리에 의한 질서를 찾아 하나의 정체성을 이루는 간고한 작업이라고 볼 수 있다.

사람에게마다 존재하는, 각이한 영혼세계는 아름다운 꽃송이와 같다. 그 꽃송이들이 한데 모여 꽃밭을 이루고 황홀한 세상을 구축해가고 있다.

복합의 세계에서 상징의 빛깔을 걸러내어 아름다운 우주를 창조해가는 新詩革命의 거창한 구호를 내걸고 세상의 비바람 속에서 꿋꿋이 당차게 걸어나갈 複合象徵詩 유파의 산생은 역사의 수요이며 필연적 결과가 될 수밖에 없다.

자그마한 지구 땅덩어리에서 複合象徵詩의 활무대가 되는 詩夢잡지는 한 점의 불꽃에 불과하지만 그 불꽃은 곧 요원의 불길로 활활 타번지리라 굳게 믿어 의심치 않는다.

중국 조선족複合象徵詩동인회와 詩夢雜誌의 알찬 앞날을 기대해본다.

아울러 본 책자에 주옥같은 글을 아낌없이 선물해준 여러 동인들과 책자출간에 물심량면의 큰 성원을 보내주신 김광선 운영위원님께 머리 숙여 깊은 인사를 드린다.

(편집부)

詩夢

초판인쇄 2019년 10월 10일
초판발행 2019년 10월 10일

지은이 중국 조선족복합상징시동인회
펴낸이 채종준
펴낸곳 한국학술정보(주)
주소 경기도 파주시 회동길 230(문발동)
전화 031) 908-3181(대표)
팩스 031) 908-3189
홈페이지 http://cbook.kstudy.com
전자우편 출판사업부 publish@kstudy.com
등록 제일산-115호(2000. 6. 19)

ISBN 978-89-268-9667-9 03810

책에 대한 더 나은 생각, 끊임없는 고민, 독자를 생각하는 마음으로 보다 좋은 책을 만들어갑니다.